Christian Doelker
EIN BILD IST MEHR ALS EIN BILD

Visuelle Kompetenz in der
Multimedia-Gesellschaft

KLETT-COTTA

Klett-Cotta in Zusammenarbeit mit Pestalozzianum Zürich

© J. G. Cotta'sche Buchhandlung Nachfolger GmbH, gegr. 1659,
Stuttgart 1997
Alle Rechte vorbehalten
Fotomechanische Wiedergabe nur mit Genehmigung des Verlags
Printed in Germany
Gestaltung/Produktion: Vera Honegger, Pestalozzianum Verlag Zürich
Schutzumschlag: Dietrich Ebert, Reutlingen
Gesetzt aus der Garamond und der Neuen Helvetica
Auf holz- und säurefreiem Papier gedruckt und gebunden von
Clausen & Bosse, Leck
Zweite, durchgesehene Auflage, 1999

Die Deutsche Bibliothek – CIP-Einheitsaufnahme
Doelker, Christian:
Ein Bild ist mehr als ein Bild : visuelle Kompetenz in der
Multimedia-Gesellschaft / Christian Doelker. [In Zusammenarbeit mit
Pestalozzianum Zürich]. – 2., durchges. Aufl. – Stuttgart : Klett-Cotta,
1999
ISBN 3-608-91654-7

Inhalt

Vorwort 11

Teil I Bildsprache in der Multimedia-Gesellschaft 15

1 Bild und Multimedia-Gesellschaft 16
    Mißverhältnis von Bilderflut und Bildkompetenz 16
        Bilderverbot und Bilderverachtung 16
    Voreiliger Sprachbegriff 21
    Falsche Realitätssignale 23
        Vergangene Wirklichkeit 23
        Gestellte Wirklichkeit 24
        Gefälschte Wirklichkeit 25
        Generierte Wirklichkeit 25

2 Visuelle Sprache und verbale Sprache 29
    Bild und Wirklichkeit 29
        Das Chaos ordnen 29
        Von der Mimesis zum Cyberspace 31
        Bilder im Kopf 37
            Optische Erinnerung 38
            Memorierte Bilder 39
            Interferenzen von inneren und äußeren Bildern 40
    Sehen und Bedeutung 40
        Eine endlose (Stammes-)Geschichte 41
        »Ich seh dich so gern sprechen« 43
        Zeichenhaftigkeit *in natura* 45
        Sage mir, was du siehst 47
    Bild und Sprache 48
        Umfang 48
        Aufbau 49
        Regelhaftigkeit 50
        Natur der Zeichen 50

Besonderheiten von Bild und Wort	52
Das Bild ist konkret – das Wort ist abstrakt	52
Das Bild ist dem Raum zugehörig	55
Die emotionale Wirkung des Bildes ist unmittelbarer als beim Wort	57
Das Bild ist in seiner Bedeutung offen – das Wort festgelegt	58

3 Erweiterter Textbegriff 61

Textkategorien	61
Einfache Texte	61
Gesamttexte	61
Additive Texte	63
Hypertexte	63
Textarten	63
Der einsträngige (= monogene) Text	64
Der mehrsträngige (=plurigene) Text	64
Textsorten	65
Gebrauchstexte	65
Dokumentarische Texte	65
Fiktionale Texte	66
Ludische Texte	66
Intentionale Texte	67

Teil II Bedeutungsebenen des Bildes 69

4 Funktionale Bedeutung 70

Registrative Funktion: Spurbilder	70
Mimetische Funktion: Abbilder	72
Simulative Funktion: Surrogatbilder	73
Explikative Funktion: Schaubilder	74
Diegetische Funktion: Phantasiebilder	75
Appellative Funktion: Pushbilder	76
Dekorative Funktion: Zierbilder	77
Phatische Funktion: Füllbilder	78
Ontische Funktion: Clipbilder	79
Energetische Funktion: Wirkbilder	81

5 Spontane Bedeutung — 84
Phylogenetische Signale — 84
Signale der Körpersprache — 86

6 Feste Bedeutung — 87
Piktogramme, *Icons* — 87
Allegorien, Embleme, Logos — 88
Verschlüsselung — 88
Konventionalisierte Darstellungsformen — 89
Schriftzeichen — 91

7 Latente Bedeutung — 92
Symbole — 92
Strukturen — 94
Symptome — 96

8 Deklarierte Bedeutung — 98
Titel — 99
Legende, *Organizer* — 100

9 Artikulierte Bedeutung — 101
Normative Bildgrammatik? — 103
Bild-»Lexikon« — 104
Bild-»Phonetik« — 105
Bild-»Flexion« — 109
    Einstellungsgröße — 109
    Licht — 110
    Blickwinkel — 110
    Brennweite — 110
Bild-»Syntax« — 111
    Inhaltslogischer Zusammenhang — 112
    Raumlogischer Zusammenhang — 112
    Zeitlogischer Zusammenhang — 113
    Diskurslogischer Zusammenhang — 114
    Formlogischer Zusammenhang — 115
    Leselogischer Zusammenhang — 116
    Alogischer Zusammenhang — 116

Bild-»Modus«	118
Bild-Indikativ (Realis)	119
Bild-Konjunktiv (Potentialis)	119
Unmöglichkeitsform (Irrealis)	120
Idealtypische Form (Idealis)	121
Bild-»Tempus«	123
Verkürzung und Dehnung	123
Die Medienzeit ist die Vergangenheit	124
Expliziter und impliziter Zeitkode	124
Risiken von Zeitverfälschung	125
Bild-»Stil«	126
Merkmal-Orientierung	126
Genre-Orientierung	127
Form-Orientierung	127

10 Kontextuelle Bedeutung 130

Vom Einzeltext zum Gesamtwerk 130

11 Intertextuelle Bedeutung 132

Kulturelle Obertöne 133
»Grüße an die Kunstgeschichte« 134

12 Transtextuelle Bedeutung 136

Der biografische und zeitgeschichtliche Hintergrund 136

13 Verbindungen von Ebenen und Strängen 138

Von der Bedeutungsebene zum Kode	138
Der biologische Kode	138
Der archaische Kode	139
Der konventionale Kode	139
Der kategoriale Kode	139
Der flexible Kode	140
Die Überlagerung der Kodes	140
Die Kombination von (Informations-)Strängen	142

Teil III Bildkompetenz — 145

14 Bilder lesen — 146

Bild-Erschließung — 146
Subjektive Bedeutung — 146
Inhärente Bedeutung — 148
Intendierte Bedeutung — 149
Bildbeurteilung — 151
Bild-Qualität — 151
Bild-Literarität — 151
Bildbewältigung — 153

15 Gesamttexte lesen — 155

Phylogenetischer Rang kontra semantische Wertigkeit — 155
Selbstgesteuerter Blick versus fremdgesteuerter Blick — 156
Wider das Versehen beim Fernsehen — 156

16 Bilder schreiben — 157

Freie Gestaltung — 157
Abbildung — 158
Transkodierung — 158
Vom Wort zum Bild — 160
Das Bild beim Wort genommen — 160
Visualisierung — 162
Logische Bilder — 162
 Imitative Schemata — 162
 Relationale Schemata: Beziehungen — 162
 Diagramme: Von der Zahl zum Bild — 163
 Pläne und Karten — 163
Rhetorische Figuren — 164
 Metonymie — 164
 Metapher — 165
 Hyperbel — 166
 Antithese — 166
 Repetition — 167
Attribuierung — 167
Sekundäre Motivierung — 167

17 Gesamttexte schreiben — 169

Kodierungsregeln — 169
    1. Bedeutungs-Regel — 169
    2. Implikations-Regel — 169
    3. Konsequenz-Regel — 169
    4. Affinitäts-Regel — 170
    5. Konsistenz-Regel — 170
    6. Anlehnungs-Regel — 170
    7. Resonanz-Regel — 170
    8. Stil-Regel — 171
    9. Hierarchisierungs-Regel — 171
    10. Konvergenz-Regel — 171
Die Ausrichtung auf den Empfänger — 172
Die Wahl der formalen Mittel — 173
Das multimediale Texten — 174
    Raumgebundene Texte — 175
    Zeitgebundene Texte — 175
    Interaktive Texte — 176

18 Ein Bild ist mehr — 177

Was ist ein Bild? — 177
    Ungegenstand, Anti-Bild — 178
    Unikat, Kommunikat, Format — 180
Vom Vergnügen, sich auf ein Bild einzulassen — 187

Literaturverzeichnis — 191
Bildnachweis — 195
Register — 199

Vorwort

Die vielbeschworene Bilderflut des digitalen Zeitalters droht zu einer Springflut anzuwachsen. Gleichzeitig besteht ein krasses Mißverhältnis zwischen der zunehmenden Bildmenge und der Qualifikation im Umgang mit Bildern. Kulturtechniken, wie sie in der Schule gelehrt werden, sind noch weitgehend auf die Schriftlichkeit beschränkt.

Ein Grund für dieses Defizit sei, so heißt es, das Fehlen einer allgemeinen »Bildgrammatik«. Zwar gibt es verschiedene, vornehmlich von der Semiotik und der Filmwissenschaft vorgelegte Theorien über das Bild. Doch wurden dabei meistens für die Verbalsprache konzipierte Kommunikationsmodelle auf das Bild, den Film und schließlich auf das Fernsehen übertragen und bildspezifische Aspekte eher vernachlässigt.

Es mangelt nicht an vorzüglichen praxisorientierten Methoden, die an Schulen für Gestaltung oder aus den Erfahrungen in Grafik und Werbung entwickelt wurden. Doch erwies es sich als schwierig, den beiden Kriterien »Allgemeingültigkeit« und »Eignung für die Praxis« gleichermaßen zu genügen. Auch sind einzelne Vorgaben unvermeidlicherweise auf Spezialbereiche bezogen.

Von vorhandenen Ergebnissen ausgehend, wollen wir Bildsprache möglichst übergreifend beschreiben und die visuellen Ausdrucksmöglichkeiten vom Silex-Zeitalter bis heute, dem Silizium-Zeitalter, in eine zusammenhängende Theorie bringen, die Malerei und Grafik, Trivial- und Kunstfotografie, Film und Comics, televisuelle und digitale Bilder, Piktogramme und Signete, Journalismus und Werbung sowie weitere Bereiche umfaßt. Da in unserer medialen Umwelt Bildbotschaften meistens mit Ton oder mit Wort gekoppelt sind, wird dieser Erweiterung von Bildaussagen Rechnung getragen.

Das Vorgehen ist dabei folgendes: Ausgehend von den Spannungen, Problemen und Widersprüchen, die das kulturelle Element Bild in der Mediengesellschaft birgt, werden visuelle Sprache und verbale Sprache einander in ihren grundsätzlichen Leistungsmöglichkeiten gegenübergestellt und anhand eines erweiterten Textbegriffs Möglichkeiten einer Symbiose geprüft und angeregt.

Im zweiten Teil werden neun Bedeutungsebenen des Bildes ausgelotet und beschrieben. Danach wird gezeigt, wie diese Bedeutungsebenen in verschiedenen Kodes zusammengefaßt werden können, wie sie sich bereits in einfachen Bildern überlagern und wie sich komplexe Bilder aus verschiedenen Informationssträngen zusammensetzen lassen. Solche einfachen und komplexen Bildtexte lesen und »schreiben«, das heißt produzieren zu können, ist im dritten Teil als »Bildkompetenz« ausgeführt.

Der vorliegende Text bietet sich Ihnen im klassischen Medium eines Buches an. Gleichzeitig versteht er sich als eine gedruckte Hypermedia-Basis, welche ein Auswählen, Kombinieren und Lesen von Textabschnitten nach den Bedürfnissen der Benutzer ermöglicht. Zu entsprechenden Textverbindungen regen nicht nur die zahlreichen Querverweise im Lauftext an, sondern auch der Index am Schluß des Buches. Das Inhaltsverzeichnis ist so angelegt, daß es das theoretische Konzept des Buches (und damit Auswahlmöglichkeiten) sowie die verschiedenen Aspekte der Umsetzung in die Praxis einsichtig macht.

Der vertretene Ansatz des Gesamttextes – die enge Verbindung und gegenseitige Ergänzung von Bild und Wort – wurde konsequenterweise durchgehend für das Buch selber angewandt; entsprechend wurde ein Format gewählt, welches vielfältige Kombinationsmöglichkeiten der beiden Zeichensysteme gestattet, dabei aber den Grundcharakter des Mediums Buch, die Einspaltigkeit, nicht aufgibt. Auch sollte der ursprüngliche Kontext der Bildzitate erkenntlich bleiben, weshalb gelegentlich das Textumfeld oder der Falz einer Doppelseite oder Titelseite mit abgedruckt wurde. Von einer engen Auslegung des Gesamttextbegriffs her hätte man generell bei den Bildern auf Legenden verzichten können, da sie ja den Lauftext ergänzen. Dadurch wäre aber eine mögliche – vornehmlich als visuelle Information angelegte – Schnell-Lesespur weggefallen und so die Hypertext-Idee geschmälert worden.

Das Buch richtet sich an alle, die in Ausbildung, Beruf oder Freizeit mit Bild, Bildinformation und visuellen Darstellungen zu tun haben: an Interessierte und Fachleute aus Wissenschaft, Bildung, Kunst, Kultur, Erziehung, Schule sowie Journalismus, Werbung, Grafik, Computer- und Multimedia-Branche, Fotografie, Film, Architektur.

Die Herstellung des Buches wäre nicht möglich gewesen ohne die intensive und anregende Zusammenarbeit im Team des Pestalozzianums Zürich und mit dem Lektorat des Klett-Cotta Verlages. Großen Dank schulde ich insbesondere Dr. Katharina Ernst, Dr. Daniel Ammann (Fachbereich Medien & Kommunikation), Vera Honegger, Georges Ammann, Dr. Thomas Hermann (Pestalozzianum Verlag Zürich) und Eberhard Rathgeb (Klett-Cotta Verlag).

Mein Dank geht auch an zahlreiche Kolleginnen, Kollegen und Studierende in der Schweiz und im Ausland, welche mir über die Jahre hin in Gesprächen, Referaten und Seminaren Gelegenheit boten, die hier vorgelegte Theorie einer Bildsemantik zu evaluieren und weiterzuentwickeln. Ausdrücklich genannt seien u.a. Anna Rüegg, Prof. Dr. Ernst Gegenschatz, Prof. Dr. Roger Vaissière (Schweiz); Prof. Dr. Hertha Sturm, Dr. Frank Haase, (Baden-Württemberg); Wolfgang Bauer, Dr. Hubertus Eckert, Dieter Kamm, Dr. Gerd Sommer, Prof. Dr. Dieter Spanhel (Bayern); Dr. Ingrid Hamm, Dr. Friederike Harmgarth, Prof. Dr. Rainer Brockmeyer, Wolfgang Nowak (Nordrhein-Westfalen); Ute Kruse, Staatssekretär Günther Portune, Jürgen Schaepe (Sachsen); Prof. Dr. Maximilian Gottschlich, Dr. Gianluca Wallisch (Österreich); Eveline Bévort, Pierre Noël (Frankreich) sowie meine Frau Verena Doelker-Tobler und die Künstler und Bildproduzenten, welche mir ihre Werke zur Reproduktion zur Verfügung stellten.

Im März 1999   Christian Doelker

Teil I
Bildsprache in der Multimedia-Gesellschaft

In Teil I wird Bild in einen umfassenden Kontext gestellt – Bild hat mit Sehen, mit Wirklichkeit und mit Sprache zu tun. Wie weit ist überhaupt eine visuelle Sprache mit verbaler Sprache vergleichbar? Systemische Gegensätze sind bewußt zu machen, um Besonderheiten und Gemeinsamkeiten besser nachvollziehen zu können. Wie kann ein Verständnis von Wortsprache zur Erhellung von Bildsprache beitragen? Und wie können sich die beiden Zeichensysteme ergänzen?

Als zentraler Schlüssel wird der Textbegriff ausgeführt, der sich sowohl auf die Sprache als auch auf das Bild anwenden läßt. Der Vorsprung an Wortkompetenz soll mobilisiert werden, um mit Bildern bewußter, differenzierter und ergiebiger umgehen zu können.

Eingangs wird das Problembewußtsein dafür entwickelt, daß eine Diskrepanz zwischen Bilderflut und Bildkompetenz besteht und daß es sich angesichts der Entwicklungen im technischen Bereich – Digitalisierung und die Folgen – als dringlich erweist, dieses Mißverhältnis auszugleichen.

1 Bild und Multimedia-Gesellschaft

Am Anfang war das Bild: vor der Schrift das Felsbild, vor der artikulierten Sprache der mimische Ausdruck, vor der rationalen Überlegung die mythische Vorstellung. Mit der Einführung der Schrift überholte das Wort das Bild, und mit der Erfindung des Buchdrucks ließ die Kultur der Schriftlichkeit das Bild für Jahrhunderte hinter sich. Ein Gelehrter war im wesentlichen stets ein »Schriftgelehrter«, als Gebildeter vor allem ein Belesener, obwohl dies vom sprachlichen Ausdruck her – Bildung hat ja mit Bild zu tun – eigentlich einen Widerspruch darstellt. Lesen gilt noch heute als »gebildeter« als das Konsumieren von Bildern.

Mit der technischen Möglichkeit der Bildreproduktion und -verbreitung wechselte in der zweiten Hälfte unseres Jahrhunderts das Bild seinerseits auf die Überholspur, und mit der Digitalisierung dürfte der Vorsprung gegenüber der Schrift immer größer werden.

Mißverhältnis von Bilderflut und Bildkompetenz

So weit das Auge reicht, werden wir von visuellen Reizen bedrängt: Auch wenn wir die Augen schließen, hören wir nicht auf zu sehen. Innere Bilder stellen sich ein, Erinnerungen, Visionen, Obsessionen. Woher diese Bilder stammen, ist oft nicht auszumachen. Präzise Nachbilder auf der Netzhaut wechseln mit bildhaften Vorstellungen.

Bilderverbot und Bilderverachtung

Wir werden von Bildern aus gedruckten und elektronischen Medien förmlich überschwemmt – eine Folge der technischen Entwicklung, die nahezu unbegrenzte Reproduktions- und Verbreitungsmöglichkeiten erschloß. Doch während wir mit wortsprachlicher Information umzugehen gewöhnt sind, ist für uns der Gebrauch von Bildern relativ neu. Die Bilderflut trifft uns unvorbereitet; deshalb reagieren wir dagegen oft abwehrend. Solche

*Unsere Umwelt, eine Bildumwelt.
Richard Estes, Gordon's Gin.*

bilderstürmerische Reflexe haben in unserer Kulturgeschichte ihre Vorläufer, zuletzt während der Reformation. Im zwinglianischen Zürich und im calvinistischen Genf wurden Bilder nicht nur aus Kirchen verbannt; auch in den privaten vier Wänden war bildlicher Wandschmuck verpönt. Ein Bild galt als obszön, weil es ein Bild war, unabhängig davon, was es darstellte.

Das Bilderverbot hat freilich ältere Wurzeln, die im berühmten Gebot gründen: »Du sollst dir kein Bildnis machen«. Auch wenn sich diese Vorschrift nur auf die bildliche Darstellung Gottes bezog, wurde sie in der jüdisch-christlichen Tradition immer wieder weiter gefaßt. Im byzantinischen Raum des 8. und 9. Jahrhunderts findet die subtilste theoretische und argumentative Auseinandersetzung mit dem Bild statt. Grundanliegen war dabei, den Dienst an Götzenbildern zu verhindern.

»Die Götzen uss der Kilchen gethan«. Bildersturm in der Reformation.

Armenbibel: Bibel für die »armen« Nichtalphabetisierten.

Comics und Fernsehen: Armenbibeln des 20. Jahrhunderts?

Noch konsequenter setzte der Islam das Bilderverbot durch. Es gibt zwar auch figürliche Darstellungen, aber im großen und ganzen wählte die islamische Kunst einen nicht-gegenständlichen (Aus-)Weg: den ornamentalen.

Die islamische Welt trifft die Bilderflut nicht nur als eine äußere Folge technischer und kommerzieller Möglichkeiten, sondern vor allem als massive kulturelle Überfremdung.

Die westliche Kultur fand früh einen Ausweg aus dem Bilderverbot, indem sie den Bildern eine untergeordnete Bedeutung zuschrieb. Schon Papst Gregor der Große räumte ein, daß Bilder – zum Beispiel die Fresken in den Kirchen – für die Gläubigen als Gedächtnisstütze der mündlich tradierten biblischen Geschichten tauglich sein mochten und so als Mittel zur Festigung des kirchlichen Glaubens toleriert werden konnten. Diese Linie läßt sich bis hin zu Zwinglis Konzession weiter verfolgen, Bilder als »stäb oder stecken der blöden« gelten zu lassen (zit. nach Warnke 1973, 70).

Diese mit der Milderung des Bilderverbots einhergehende Bilderverachtung kommt auch im Terminus *biblia pauperum*, Armenbibel, zum Ausdruck. So wurden die ersten gedruckten Bibeln bezeichnet, die Bilder enthielten: »Texte«, die auch den Analphabeten – den »geistig Armen« – die »Lektüre« der Bibel ermöglichen sollten.

Zu den heutigen Comic-Bibeln und Bibelverfilmungen sind formale Analogien zu erkennen.

Moderne Kulturpessimisten laufen bezeichnenderweise Sturm gegen

Bilderverbot im Islam: Ausweichen in das Ornament.

die Bildmedien und setzen die mittelalterlichen Bilderstürme in der modernen Version der Bilderverachtung fort.

Eine solche abschätzige Haltung gegenüber der Bildinformation kann man in schulischen und bildungspolitischen Kreisen beobachten. Sie reicht von der stolzen Äußerung »Wir haben keinen Fernseher!« bis zur Allein-

*Comenius. »Die Schul«.
Das Bild der Schule: bildlos.*

herrschaft des Buches. Gerade wegen der heutigen Bilderflut müsse das Lesen (gemeint von Worttexten) stärker gefördert werden, lautet eine buchfundamentalistische Forderung. Die Schule – wo Bildmedien weitgehend mit Freizeitmedien konnotiert werden – reagiert auf die Herausforderung des »optischen Zeitalters« (Pawek 1963) größtenteils mit Abwehr: Wegen der Bilderflut beschränkt sie sich auf die Schriftlichkeit. Dabei erkennt man das damit verbundene politische Risiko nicht: Denn wenn die Schule einseitig nur zum Lesen von gedruckten Texten befähigt, werden die zukünftigen Bürgerinnen und Bürger, die sich ausschließlich aus den elektronischen Medien informieren, nicht für deren adäquate Nutzung qualifiziert sein. So ist die Schule noch immer die Institution des geschriebenen und gedruckten Wortes geblieben, wie sie Johan Amos Comenius auf dem Tafelbild in seinem *Orbis sensualium pictus* darstellte. Übte der große Ahnherr des Anschauungsunterrichts, der in gültiger Form das Bild in die Didaktik einführte, mit dieser Illustration an der Schule Kritik oder beschrieb er einfach die gängige Praxis?

Auch Printmedien nahmen gelegentlich eine verbalsnobistische Haltung ein. In der französischen Tageszeitung *Le Monde* galt als Prinzip, keine Bilder im redaktionellen Teil zu verwenden. In das Bilderdefizit stießen die Boulevardzeitungen vor, und damit war das Bild aufs neue mit einem Stigma der Minderwertigkeit behaftet.

Auch in weiten Kreisen der Wissenschaft galt der verbale Kode lange

Zeit als der einzig denkbare, und in der Journalistenausbildung bestehen noch heute Lücken in der Ausbildung für Bildsprache. So ist unsere Kultur trotz der Bilderflut weitgehend eine Kultur der Schriftlichkeit geblieben.

Voreiliger Sprachbegriff

Gegenläufig zur Schriftlichkeit läßt sich im Zuge der Internationalisierung von Kommunikation beobachten, daß zunehmend auf Bildinformation gesetzt wird. Vorausgesetzt ist dabei, daß Bilder allgemein verständlich seien. Bildsprache erscheint als eine Möglichkeit, nach dem Scheitern der Kunstsprache Esperanto doch noch eine *koinē (*=Gemeinschaftssprache) für die Welt, eine Weltsprache in Form von *visual esperanto* zu finden (vgl. Buonadonna 1994).

Ausgehend von Piktogrammen, wie sie bei Olympiaden oder im internationalen Verkehr verwendet werden, sieht man im Bild die Möglichkeit zu einem universalen Verständigungsmittel. In der Tat, wenn wir die grafischen Symbole eines Flugplans – in unserem Beispiel der Air France – neben eine Zusammenstellung aus den Anfängen der Schrift in verschiedenen Kulturen halten, springen frappante Analogien ins Auge.

Schrift aber ist nichts anderes als eine Repräsentation von Verbalsprache, nicht von sichtbarer Wirklichkeit. Schrift hat die Verbalsprache nicht durch eine andere Sprache – eben Bildsprache – ersetzt, sondern die Aufzeichnung von Verbalsprache ermöglicht. Mit dem Begriff »Bildsprache« werden falsche Hoffnungen geweckt.

Auf die schillernde Bedeutung des Sprachbegriffs in der Formulierung

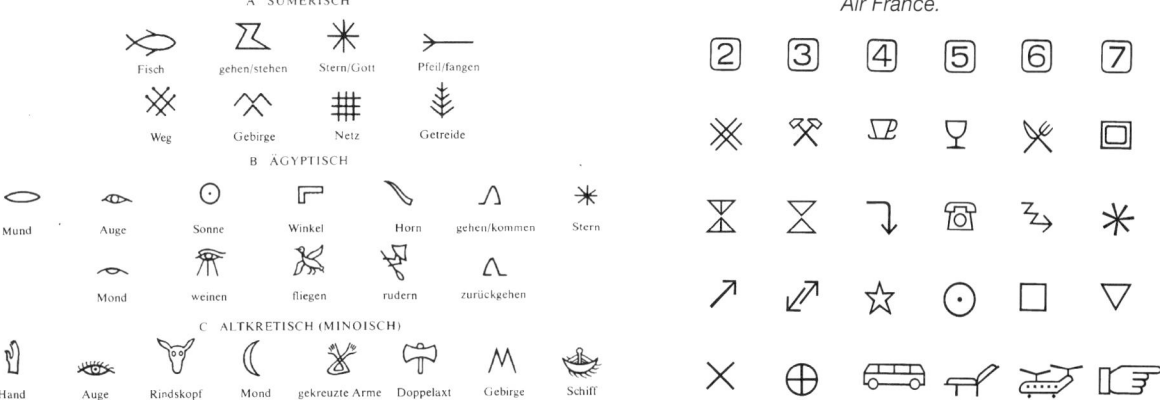

Moderne Piktogramme ähneln den Urformen von Schriftzeichen.
Links: Erste Schriftformen in verschiedenen Kulturen.
Rechts: Flugplanzeichen der Air France.

Bildsprache wies am nachdrücklichsten Margot Berghaus (1986) hin: Mit Sprache »ist gemeint: ein Verständigungssystem mit beliebigen Zeichen, deren Bedeutung konventionell vereinbart ist. Unter eine solche Definition fallen vor allem mündliche und schriftliche Wortsprachen ... Der Sprachbegriff kann aber auch als eine Metapher gebraucht werden für alles, was zum Menschen ›spricht‹, was ihn ›anspricht‹. Dann läßt sich darunter ebenfalls nonverbales Ausdruckspotential, Körper›sprache‹, Gesten, Bilder und Filme (Bilder›sprache‹) und letztlich die gesamte Objektwelt subsumieren« (279).

Als prominentesten Vertreter eines so umfassenden Sprachverständnisses führt Berghaus Pier Paolo Pasolini an, der das Kino als »geschriebene Sprache der Wirklichkeit« definiert. »Dieses Kino in natura, das die Wirklichkeit ist, stellt tatsächlich eine Sprache dar ...: eine Sprache, die in gewisser Weise der mündlichen Sprache der Menschen ähnelt.« (ebd.)

Nun wies andererseits Pasolini mit Nachdruck darauf hin, daß es kein Wörterbuch der Bilder gebe. Voraussetzung für Sprache, für *langue* im de Saussureschen Sinne, wäre indes ein Wörterbuch als Verzeichnis der konventionalisierten Symbole (und eine Grammatik als Sammlung von Regeln zum Gebrauch dieser Symbole). Man geht also von falschen Erwartungen an die Leistungen der Bildsprache aus, wenn man diese zum visuellen Parallelsystem der Verbalsprache erhebt. Äußere Analogien dürfen nicht über die konstitutiven Unterschiede hinwegtäuschen.

Wohl stehen sich in einem rein audiovisuell dargebotenen Fremdsprachenunterricht Bild und Wort sozusagen äquivalent gegenüber. Sobald aber ein Wort wie »schon« übermittelt werden muß, stößt man bei einer puristischen Anwendung der Methode an fast unüberwindliche Grenzen. Diese Grenzen sind systemimmanent und treten auf, sobald man von einer äußeren, situativen Erscheinungswelt in abstrakte Verhältnisse und logische Zusammenhänge vordringt. Hier liefert die Pasolinische Feststellung, es gebe kein Wörterbuch für Bilder, die Probe aufs Exempel.

Es gibt zwar Wörterbücher von einer Sprache in die andere: Englisch-Deutsch, Deutsch-Englisch oder Russisch-Deutsch, Deutsch-Russisch, aber es ist unmöglich, ein Nachschlagewerk für Bildsprache-Deutsch, Deutsch-Bildsprache anzubieten. Der Bilderduden ist kein eigentliches Wörterbuch, sondern ein Benennungsbuch, und in diesem Bereich der Gegenstände und Phänomene, im Bereich der optischen Wirklichkeit, gibt es offensichtliche Entsprechungen. Darauf gründen verschiedene und zum Teil sehr spezialisierte Schnippelbücher und CD-ROMs, aus denen unterschiedliche Berufsbranchen, zum Beispiel Architekten bei der Bebilderung von Aufrissen, nach Bedarf ihre Akteure und Accessoires abpausen können. Bildagenturen bieten Fotos von Alltags- und Spezialsituationen von allen Schauplätzen der Welt an. Dieses »Vokabular« betrifft aber lediglich die sichtbare Außenwelt.

Falsche Realitätssignale

Ein Bild ist nicht nur etwas vom Menschen Geschaffenes (und in diesem Zusammenhang in seiner Bedeutung Fixiertes), ein Zeichen, sondern mit ihm entsteht auch ein direkter Abdruck der Dinge, der Gegenstände der sichtbaren Welt, überall dort, wo sichtbare optische Welt durch »automatische« technische Verfahren aufgezeichnet wird: durch Fotografie, Film, Video. Solange diese technischen Mittel nicht existierten, konnte ein solches visuelles Zeugnis durch den Künstler, dem an der Übereinstimmung des Bildes mit dem Vorbild gelegen war, angefertigt werden. In dieser Hinsicht stehen Technik und Kunst (griechisch *téchnē* = Technik, Kunst) gleichermaßen im Dienst einer realitätsgetreuen Wiedergabe. In seiner Form trägt ein Bild sozusagen eine unmittelbare visuelle Erinnerung an einen Gegenstand oder an ein Ereignis mit sich.

Zu den besonderen Vorzügen des Bildes gehört, daß es Realität mit großer Detailtreue wiedergeben kann. Mit gleicher Detailliertheit vermag ein Bild aber auch Realität vorzugaukeln.

Vergangene Wirklichkeit

Ein televisuelles, dokumentarisches Bild ist nur bei einer Live-Übertragung Beleg für eine bestehende Faktizität. In allen andern Fällen bezeugt es eine Wirklichkeit, die zur Zeit der Aufnahme bestand, was nicht unbedingt heißen muß, daß sie weiter besteht. Im Sinne dieser inhärenten Vergangenheitsbezeugung kann das technisch hergestellte Abbild Wa(h)rheit in Anspruch nehmen: Der Sachverhalt war so im Zeitpunkt seiner medialen Aufzeichnung.

Eine besondere Wa(h)rheit liegt vor, wenn zwei verschiedene Vergangenheiten miteinander amalgamiert werden. In der seriösen gedruckten Presse ist es üblich, alte Fotos, die zur Illustration eines aktuellen Ereignisses herangezogen werden, als »Archivbild« zu deklarieren. Für solche Nuancen hat die Regenbogenpresse nicht viel übrig.

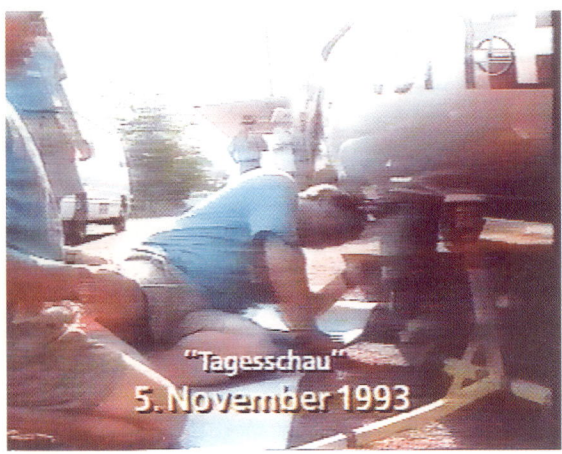 

Die Bilder von gestern zur Illustration der Ereignisse von heute (SF DRS).

Alarmierender ist, wenn Fernsehstationen mit Archivmaterial sorglos umgehen, wie der französische Fernsehjournalist Albert du Roy rügte: »Der Aufruhr in Algerien wird illustriert durch Reportagen, welche bei Demonstrationen vor mehreren Monaten gemacht worden waren; die Hungersnot im Sudan durch Aufnahmen der Hungersnot vom Vorjahr; die letzte irakische Operation gegen die Kurden durch die Bilder einer früheren militärischen Aktion. Freilich ist oft, wenn auch nicht immer, ein flüchtiger Einblender ›Archivbild‹ in einer Ecke des Bildschirms zu sehen. Reicht indessen eine solche diskrete Erwähnung aus, um unseren unbändigen und undifferenzierten Bilderkonsum zu beeinflussen?« (du Roy 1992, 192).

Gestellte Wirklichkeit

Im Zug der Boulevardisierung des Fernsehens werden zunehmend auch Ereignisse gestellt (vgl. Thalmann 1994). In einer *Tagesschau*-Meldung über Wirtschaftskriminalität in der Schweiz taucht ein Mann mit Koffer auf, der zielstrebig durch eine Drehtür zu einem Bankschalter eilt und dort

Fernsehbilder aus dem elektronischen Schnippelbuch: Der Mann mit dem Koffer (links DRS, Mitte und rechts ARD).

  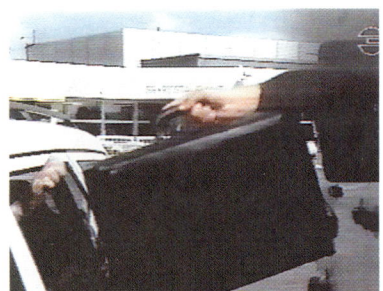

den aus prallen Bündeln von Geldscheinen bestehenden Inhalt übergibt. Der gleiche Mann mit dem Koffer tritt zehn Tage später auf, um die »Schweiz als Drehscheibe organisierten Verbrechens« zu illustrieren, und weitere zwei Monate später schließlich als visueller »Beleg« für Geldwäscherei (*Tagesschau* 5. und 15. November 1993; 12. Januar 1994). Analoge Szenen wurden auch in den Nachrichten des ZDF und der Tagesschau der ARD festgestellt (vgl. Haase und Buscher 1994).

Gefälschte Wirklichkeit

Allerdings kommt es vor, daß durch Inszenierungen eigentliche Fälschungen vorgenommen werden. Aufsehen erregten in diesem Zusammenhang Bildberichte des Filmemachers Michael Born, der über zwanzig gefälschte Filme an private und öffentlich-rechtliche Fernsehstationen verkaufte (vgl. Kammann 1996).

»Born-Fake«: Inszenierter »Drogenkurier«.

Generierte Wirklichkeit

Einer besonderen Versuchung kann der Bildjournalismus dank der technischen Möglichkeit der Digitalisierung, dem Rechnen von Bildern, erliegen. Zwei Aspekte stehen dabei im Vordergrund. Zum einen ist es erstmals in der Geschichte der technischen Medien möglich, »Fotografien« und »Filme« im phänomenologischen Kode des Realbilds ohne Referenz, ohne entsprechende Wirklichkeit herzustellen. »Realität« kommt aus dem Computer und hat nirgends eine reale Entsprechung. Zum andern sind bestehende Realbilder in digitalisierter Form beliebig veränderbar.

Aufgeschreckt wurden die Medienkonsumenten durch die virtuose Anpassung eines audiovisuellen Dokuments im Film *Forrest Gump*: Zwei Menschen – Präsident Kennedy und Tom Hanks als Forrest Gump –, die sich im realen Leben nie begegnet sind, reichen sich die Hand und tauschen einige Worte aus (vgl. Marsiske 1994, 100).

Die Wirklichkeit, die aus dem Computer kam: Rote Felsen ...

Mit der Digitalisierung der Fotos sind der Veränderung und damit der Fälschung und Täuschung Tür und Tor geöffnet. Es mag bei der Regenbogenpresse noch angehen, Lady Di eine dicke Träne auf die Wange zu generieren. Aber sogar der Branche ging die digitale Kindsunterschiebung am Hof von Monaco zu weit: *Die Bunte* vom 10. Dezember 1992 enthüllte, daß auf zwölf Titelbildern von verschiedenen Illustrierten der Yellow Press das Baby Prinzessin Stéfanies jedesmal ein anderes war. Nicht der hingebungsvolle Leibwächter war da der Vater, sondern der jeweilige digitale Bilderzeuger oder – je nach technischem Stand – der konventionelle Foto-

... Präsident Kennedy begrüßt den Nicht-Zeitgenossen Tom Hanks.

Der Computer macht's möglich: Umkodierung eines konventionellen Bildes von Mozart zur »Fotografie«.

monteur. Nun ist in der Regenbogenpresse auch der Wortjournalismus nicht zimperlich. Offenbar ist dort, wie Michael Haller (1993) darlegt, das *Faking*, das Erfinden von Nachrichten, gang und gäbe. Die kühnsten Statements werden Prominenten in den Mund gelegt und Anwaltspraxen mit den Klagen von Geschädigten in Atem gehalten. Wo beginnt der Sündenfall – bei der computergenerierten königlichen Träne, die als ihre Vorgängerin die Glyzerinträne des Spielfilms geltend machen kann, oder bei inhaltlichen Entstellungen und Kompromittierungen?

Elektronische Kindsunterschiebung am monegassischen Hof: Familienbilder bereits vor der Geburt.

Virtuelle Modeschau und ihre einzelnen Bildquellen (Ruedi Kubli, Digital Art).

Schließlich lassen sich verschiedene Bildquellen in den Computer einscannen und beliebig mischen. In der Computerkunst und in der Werbung sind solche Techniken etabliert und legitim.

Hingegen machte der Zürcher Wissenschaftsjournalist Tobias Frey auf solche manipulativen Elemente auch in der wissenschaftlichen Literatur aufmerksam (Frey 1996). Der Fall ist exemplarisch. Der südafrikanische

Aus sechs mach eins: Sowohl die Jagdszene wie der Gepard selbst sind aus mehreren Bildern zusammengesetzt.

Tierfotograf Steve Bloom bietet das Bild eines Gepards an, der eine Impala-Antilope jagt. Der Gepard ist in einer Aufzuchtstation und die Impala-Antilope im Krüger-Nationalpark in Südafrika fotografiert worden. Der jagende Gepard wurde aus drei verschiedenen Bildern zusammengesetzt und am Bildschirm zu seiner endgültigen Form »gezogen«.

Das Bild erschien, wie Tobias Frey berichtet, als Illustration eines Artikels über die genetische Verarmung der Geparde im englischen Wissenschaftsmagazin *New Scientist* vom 17. Februar 1996 – ohne Bemerkung über die Herstellung. Nur der Fachmann vermag zu erkennen, daß die Stellung der Ohren und Augen bei einem mit über 100 Stundenkilometern dahinjagenden Gepard nicht stimmen kann.

Wohlverstanden: auch bei Comenius gibt es im *Orbis sensualium pictus* Darstellungen, die nicht der bestehenden Wirklichkeit entsprechen. So enthält die Seite »Wild-Vieh« die Abbildung eines Einhorns (1659, 60). Die technische Form des Holzschnitts ist indessen klar als generiertes Bild erkennbar, und so wird niemand auf naturgetreue Abbildung im Sinne eines Beweismittels abstellen wie bei einem scheinbar fotografischen Dokument.

2 Visuelle Sprache und verbale Sprache

Der Begriff »Sprache« ist sowohl in Bildsprache wie Wortsprache enthalten. Bedeutet er auch dasselbe?

Bild und Wirklichkeit

Wirklichkeit stürzt als chaotische Überfülle auf das Auge ein, wenn sich dem Blick nicht schon bekannte Bildentwürfe vorgeschaltet haben.

Das Chaos ordnen

Nach Ernesto Grassi ist es Funktion der Kunst, das Chaotische der Erscheinungen in einem Entwurf zu ordnen, das Ungebärdige der Sinneseindrücke in einer Gebärde zu fassen. Seine Beschreibung des ungewohnten Anblicks der Anden bleibt ein Schlüsseltext für diese Art der sensorischen Erfahrung: »Wir befinden uns in Chile. Der Frühling bricht an: eine diffuse Helligkeit – die alles beinahe schattenlos, zitternd in den Vordergrund schiebt – strahlt etwas Erbarmungsloses aus; … man fühlt sich schutzlos nicht mehr nur dem ausgeliefert, was wir gemeinhin als ›Licht‹ empfinden, sondern geradezu einem kosmischen Phänomen. … Die Natur als eine vom Menschen noch nicht erkannte und eingeordnete Realität erweist sich als das schlechthin Unheimliche. Was geschieht, wenn überhaupt kein menschlicher Entwurf mehr da ist, der uns die Natur vermittelt? Dann waltet die absolute Gesprächslosigkeit. Vor unseren Augen gleiten schwankende Gebilde, die unfaßbar und beängstigend sind. … Alles schwimmt, trotz der rasenden Sonne, im Licht einer eiskalten Luft, unsere Wahrnehmungsorgane versagen wie einander widersprechende Instrumente, und jegliche einheitliche Erfassung des Sichtbaren scheitert« (Grassi 1957, 8ff.).

Im Verlaufe der anschließenden Überlegungen, in denen Grassi vergeblich versucht, visuelle Anleihen bei europäischen Malern einzuholen, um die »schwankenden Gebilde« in Bilder zu fassen, kommt er zur zentralen

Durch Bildentwürfe Wahrnehmung strukturieren (Michael Adams).

Frage: »Muß sich die Kunst vielleicht zwischen uns und die Natur schieben, um die Schrecken, die diese einflößt, zu lindern? Und was geschieht, wenn wir nicht im Stande sind, die Natur mit Hilfe eines menschlichen Entwurfes zu bändigen?«

Der Text endet mit einer Schlußfolgerung, die für die Entwicklung einer Bildtheorie grundlegend ist: »Ohne Erfahrungen wie die geschilderten werden wir nie begreifen, was es bedeutet, eine Mauer aufzurichten und damit einen Raum zu gliedern; oder was es heißt, ein Bild zu malen, Gestalten und Farben zu komponieren ... und so dem Ansturm der chaotischen Welt standzuhalten.«

Es ist heute schwierig, eine solche Grunderfahrung nachzuvollziehen. Nahezu nirgends mehr auf der Welt gibt es eine Gegend, deren ursprüngliche ungezähmte Landschaft nicht durch visuelle Fassungen, vor allem Bilder in den Medien, wahrnehmungsmäßig erschlossen wäre. Am ehesten kann man noch die Grassische Grunderfahrung im Dschungel nachfühlen. Zum einen birgt der tropische Regenwald jene verwirrende Fülle von optischen und anderen sensorischen Eindrücken, so daß »unsere Wahrnehmungsorgane versagen wie einander widersprechende Instrumente«, und zum andern eignet sich diese originäre Wildnis wenig für eine mediale Wiedergabe aus dem einfachen Grund, weil nicht genügend Licht vorhanden ist. Gerade in einem solchen Vegetationschaos auf der Insel Mahé schafft der Künstler Michael Adams seine Dschungelbilder.

Vielleicht aber muß man das Chaos (im klassischen, ursprünglichen Sinne) gar nicht so weit entfernt suchen. Unsere unmittelbare Umwelt

Chaosbewältigung durch Kunst: Jason Rhoades, Installation Dreizehn Stände Köln Land-Messe ...

kann zu chaotischen Dimensionen wachsen, die eine Bewältigung durch Kunst verlangen. Die chaotische Bedrängung durch Konsumgüter und – damit korrelierend – Abfall hat Jason Rhoades mit seiner Installation *13 Stände Köln Land-Messe* bewältigt: Gestapelte Gebrauchsgegenstände und Müll würden als Kunstwerk keinen Sinn machen ohne Grassis kunsttheoretischen Ansatz.

In ähnlichem Sinne können auch die Schrottskulpturen von Jean Tinguely oder die aus Sensoren, Lautsprechern und anderen Materialisierungen der Medienwelt bestehenden kybernetischen Objekte von Peter Vogel verstanden werden.

Von der Mimesis zum Cyberspace

Eine Kunstauffassung, der eine traditionelle Beziehung von Bild und Wirklichkeit zugrunde liegt, ist die Mimesis-Theorie. Schon die griechische Bezeichnung »Mimesis« für »Nachahmung« (der Natur) weist auf ihre Herkunft. Ziel des künstlerischen Entwurfs ist eine möglichst große

... Jean Tinguely, Schrottskulptur.

Gemalter Vorhang als Referenz an Parrhasios (Chan Kien Chung).

Ähnlichkeit von Darstellung und Wirklichkeit. »Vollendet täuschende Nachbildung« (Steiner 1975) war ein Kriterium, mit dem sich die Qualität eines Kunstwerks beurteilen ließ. Von Plinius dem Älteren ist eine Anekdote über einen Wettstreit zweier Maler überliefert: Zeuxis glaubte den Preis gewonnen zu haben, als Vögel seine vollendet naturgetreu gemalten Trauben anpickten, und begab sich siegesgewiß mit den Preisrichtern in das Atelier seines Rivalen Parrhasios. Nur war da kein Bild zu sehen. »Es ist hinter jenem Vorhang«, wies Parrhasios auf eine Stelle des Raumes. Gespannt schritt Zeuxis zum Vorhang und wollte ihn wegziehen: Er stieß an die bemalte Wand.

Als in der Renaissance die Antike und, damit verbunden, die diesseitige Wirklichkeit neue Geltung erhielt, wurde die Mimesis-Auffassung der Kunst wieder aufgenommen und weiterentwickelt. Dabei spielten die neu entdeckten Gesetze der Zentralperspektive eine wichtige Rolle. Der vollendet täuschenden Nachbildung wurde ein entsprechender Reiz abgewonnen im eigens entwickelten Genre der Trompe-l'œil-Malerei. Daß dabei Gegenstände wie Haushalts- oder Schreibtischutensilien bevorzugt wurden, hing mit der Möglichkeit zusammen, sie im Verhältnis eins zu eins wiederzugeben.

Im Barock feierte die Trompe-l'œil-Manier in der illusionistischen Raumgestaltung (Deckenbilder) und der Materialvortäuschung (zum Beispiel wie Marmor bemalte Holzsäulen) Triumphe. Mit dem Aufkommen der Fotografie war dann einer solchen Herausforderung der Boden unter den Füßen weggezogen. Schließlich entwickelte gerade die fotografische Technik, vor allem im Bereich der Produktefotografie, die perfekt gedruckte farbige Oberfläche der Verpackung, sozusagen anstelle des Inhalts.

Auch die moderne Kunst begab sich nun wieder – trotz Fotografie oder gar in bewußter Ergänzung zur Fotografie – auf das Parkett des Trompe-l'oeil. Zum Teil mag dabei eine Rolle gespielt haben, der Kunst die Qualität

Virtuosität des Trompe-l'œil (Yrjö Edelmann).

Realität eins zu eins.
Links: Tourists II (*Duane Hanson*),
rechts: Esther oder Polyester?
(*John De Andrea*).

des technischen Könnens zurückzugeben (im Griechischen besteht für Kunst und Technik ja nur die eine Bezeichnung *téchnē*). Yrjö Edelmann beispielsweise hat sich auf die vollendet täuschende Nachbildung von Packpapieren, Klebern und Schnüren spezialisiert.

Auch in der Dreidimensionalität erprobt die Kunst die Möglichkeit der »vollendet täuschenden Nachbildung«. So formt Duane Hanson individuelle Menschen in Alltagskleidern aus Polyester.

Und De Andrea bildet realistische nackte Menschenfiguren peinlich genau nach.

Die täuschende Nachbildung ist hier so vollendet, daß sich mancher Museumsbesucher plötzlich fragt, ob er sich nicht in ein anderes Etablissement verirrt habe. Der Schritt vom Museum zum Wachsfigurenkabinett der Madame Tussaud ist nur klein, wie auch der Schritt von Kunst zu Kitsch.

Die technischen Neuerungen im Medienbereich führten schrittweise dazu, daß Wirklichkeit immer wirklichkeitsgetreuer wiedergegeben werden konnte. Gegenüber der Fotografie brachte der Film die Bewegung, der Tonfilm die Sprache, Farbfilm und Farbfernsehen das bunte Spektrum des Regenbogens. Auch bei der Bildauflösung wurden Fortschritte erzielt, mit den Emulsionen bei den optischen und mit der Signalvermehrung (Hochzeilenfernsehen u.ä.) bei den elektronischen Medien. Merkwürdigerweise war die Reaktion der Öffentlichkeit auf diese Neuerungen auch von skeptischen Stimmen begleitet: Der Tonfilm wurde als Niedergang des Films, der Farbfilm als Kitsch bezeichnet. Die größere formale Analogie zur dargestellten Wirklichkeit war zwar ein Gewinn, konnte aber auch als Verlust empfunden werden, als Verlust beispielsweise einer Stufe von Abstraktion, die ihrerseits in gewissem Sinne den Zeichencharakter der medialen Wirklichkeit manifest machte.

Gleichzeitig muß festgestellt werden, daß der weniger »täuschend ähnliche« Kode gleichwohl mit einem intensiven Wirklichkeitserleben einherging. Wer in der Schwarzweißfilmkultur aufgewachsen ist, erlebte die Gleichsetzung von Projektion im Kino mit Wirklichkeit wahrscheinlich ebenso wie heute ein Jugendlicher die Breitleinwand mit Sensurround-Ton oder die Virtual Reality.

Gerade das Beispiel des Wachsfigurenkabinetts zeigt, daß das Kopieren mit einem Abbau von Komplexität einhergehen kann, weil hier der informationsintensive, unverwechselbare individuelle Ausdruck in eine »glattere«, »leerere« Form überführt wird. Abbau von Komplexität ist nach Umberto Eco ein Kriterium von Kitsch.

Die nächste technische Steigerung ist die computergenerierte Wirklichkeit, die Virtual Reality, der Cyberspace. Zwar hat der 3D-Film die Dreidimensionalität vorexerziert. Neu ist aber einerseits das vollständige Eintauchen in diese künstliche Wirklichkeit und andererseits die Möglichkeit, sich in dieser künstlichen Wirklichkeit wie in einem realen Raum zu bewegen: Über einen Datenhandschuh respektive Datenanzug werden über Rückkoppelungen des eigenen Verhaltens laufend die Verhältnisse des virtuellen Raumes den eigenen Bewegungen angepaßt, so daß die Illusion eines Agierens in einer Welt entsteht. Zudem soll die Möglichkeit von taktiler Empfindung erschlossen werden. Theoretisch könnten über ein Kunstkopf-Verfahren auch die Gerüche computergesteuert synthetisiert werden. So wäre eine annähernd vollständige Simulation von Wirklichkeit erreicht.

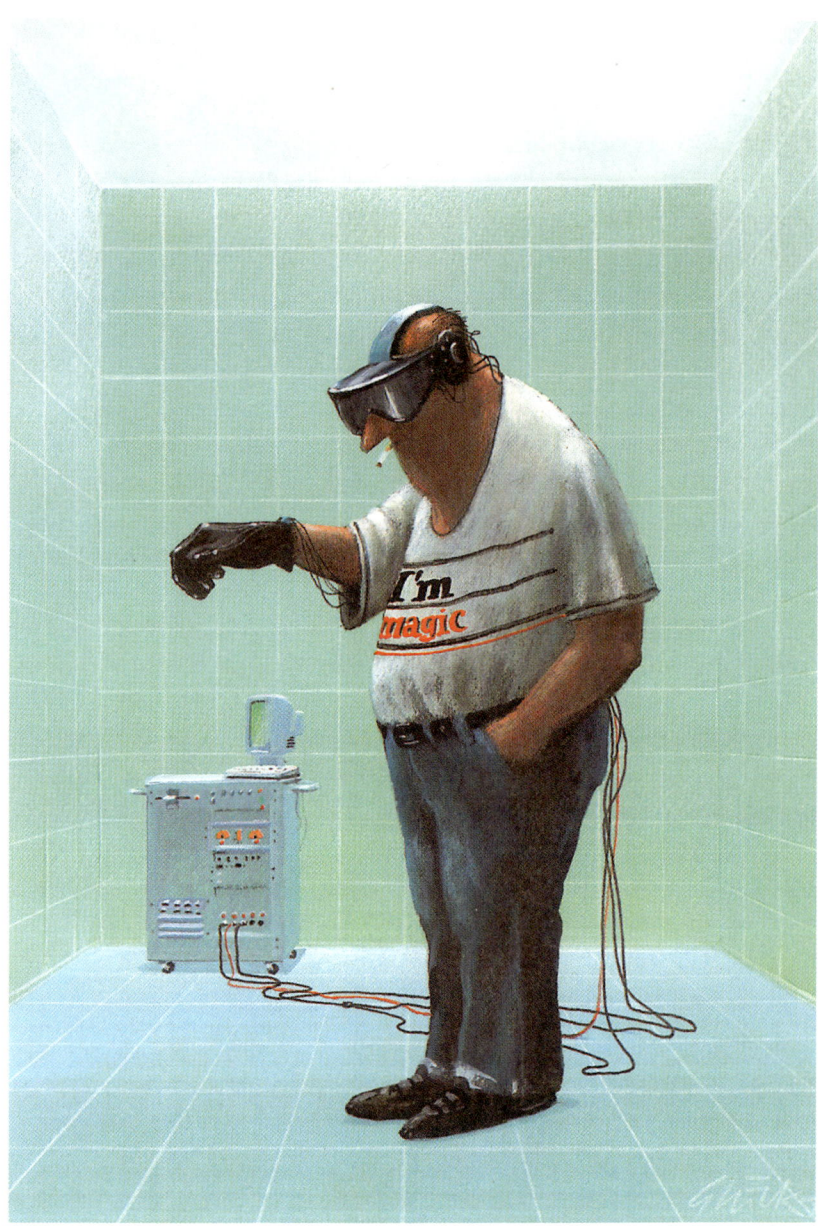

Virtual Reality. »Karl-Dieter gießt seine virtuellen Kakteen einmal in der Woche« (Gerhard Glück).

Über das Illusionstheater hinaus bietet Cyberspace aufgrund der Rückkoppelung des eigenen Verhaltens für Wissenschaft und Ausbildung wertvolle Simulations- und Trainingsmöglichkeiten. Bisher vermochten Instruktionsfilme nur eine fremde, äußere Situation vorzugeben, die vom eigenen Verhalten abgekoppelt war. Mit den neuen Verfahren lassen sich die Reaktionen und Handlungen des Probanden in die Auswertung einbeziehen. Dies ist beispielsweise für die Piloten- oder Chirurgenausbildung von unschätzbarem Wert. So schafft Cyberspace generell die aus medienpädagogischer Sicht äußerst wertvolle Möglichkeit, Erfahrung zu antizipieren.

Der Zuwachs an Realitätsnähe bringt gesteigerte Identifikationsmöglichkeiten und damit eine besonders nachhaltige Erlebnissituation mit sich. Eine abermalige Steigerung kann nur noch darin bestehen, daß man virtuelle Welten auch selbst erfindet und in sie eintaucht. Ist die Phantasie, die Imagination, die höchste Steigerung der Wirklichkeitsnähe des Bildes, da es ja eigentlich alles innere Bilder sind, die wir sehen?

Bilder im Kopf

In seinem Buch *Anschauliches Denken* (1977) insistiert Rudolf Arnheim darauf, daß sich Denken nicht nur in abstrakten Prozessen vollzieht, sondern auch sinnlich in Bildern stattfindet. Er kritisiert, daß man geistiger Arbeit, die sich an Bildern orientiert und mit Bildern operiert, nicht die Qualität von Denken zubilligt. Dies hängt mit der erwähnten Bilderverachtung zusammen, die letztlich aus einer Geringschätzung der sinnlichen Wahrnehmung hervorgeht. Den Sinnen wird mißtraut, weil sie dem Intellekt auch trügerische Bilder liefern. Eine solche Betrachtungsweise wurde bereits von den Vorsokratikern vertreten, und bei Platons Einschätzung der Wahrnehmungsbilder aus der Alltagswirklichkeit kam hinzu, daß diese gegenüber den eigentlichen Dingen, den Ideen als den einzig »wahren Bildern«, nur defiziente Varianten darstellen.

Insofern könnte gerade dem Schauen im Geiste die höchste Qualität zukommen und den mentalen Bildern eine überlegene Qualität eingeräumt werden – eine Auffassung, die man über die Realisten der Scholastik (»das Wirkliche sind die Ideen, die *nomina*«) bis zu den Buchfundamentalisten in unserer Zeit verfolgen kann.

Anschauung ist ja gemäß den großen Erziehern und Didaktikern wie Comenius und Pestalozzi auch bei Diskursen und Denkprozessen eine wünschbare Leistung. Und Anschauung ist ohne optische Anteile nicht möglich. Darauf zielten Sensualisten wie Locke und Condillac, wenn sie sagten, daß »nichts im Geiste *(in intellectu)* ist, was nicht vordem in den Sinnen *(in sensu)* war«. Wie aber sind diese mentalen Bilder oder inneren Repräsentationen beschaffen?

Optische Erinnerung

Ähnliche Unterschiede lassen sich hier feststellen, wie sie bei der äußeren Abbildung zu beobachten sind. Der »fotografischen« Reproduktion entspricht das eidetische Erinnern bei den mentalen Bildern. Eindrücke der optischen Wirklichkeit werden sehr genau im Gedächtnis festgehalten. Das Gesichtsfeld ist aber größer als bei einer fotografischen Erfassung: Es gibt sozusagen beliebige Tiefenschärfe in einer Großtotalen, die nahtlos erweitert werden kann – als »authentische« Wiedergabe von Sinneseindrücken, wie sie beispielsweise während einer Reise aufgenommen werden.

Diese eidetischen Bilder können auch vollständig »vergessen« und später durch besondere Vorkehrungen oder Umstände wieder abgerufen werden, sei es im Experiment durch elektrische Reizung bestimmter Gehirnzonen oder durch dramatische Auslöser wie höchste Lebensgefahr. In der von Georges Poulet beschriebenen Erscheinung einer »Gesamtschau der Sterbenden« (»Vision panoramique des mourants«) vollzieht sich eine Vergegenwärtigung des ganzen Lebens innerhalb von wenigen Sekunden oder gar Bruchteilen von Sekunden (Poulet 1966).

In diesem Zusammenhang ist auch die Wirkung des »emotionalen Gedächtnisses« (»mémoire affective«) zu nennen, welche bei Marcel Proust in der *Suche nach der verlorenen Zeit* am eindrücklichsten dargestellt ist. Ausgelöst durch eine bestimmte Sinnesempfindung wird ein Stück Vergangenheit evoziert oder besser, entfaltet sich wie eine japanische Papierblume in einer mit Wasser gefüllten Kugel. Dies geschieht in einem Fall über den urtümlichsten Sinn, den Geschmacks- und Geruchssinn. Durch den Geschmack eines Madeleine-Biscuits ersteht als »wiedergefundene Zeit«, was vorher mit der »Suche nach der verlorenen Zeit« unternommen worden war. Der Erzähler hatte als Junge in Combray im Haus der Tante Léonie ein Gebäck in eine Tasse Tee eingetaucht, wodurch sozusagen eine Kodierung dieses Lebensabschnitts erfolgt war (Proust 1954, Bd. 1, 45).

Wenn ich diesen Proust-Text als Beispiel für eine möglichst vollständige, in diesem Sinne »eidetische« innere Bilderfolge anführe, dann nicht nur, weil es sich hier vielleicht um das berühmteste Paradigma von emotionalem Gedächtnis handelt, sondern auch, weil bei Proust Ansatzpunkte für eine andere Seinsweise von inneren Bildern zu finden sind. Es gibt im Proustschen »roman fleuve« eine andere Schlüsselszene, in der eine Person in einer Kutsche auf eine Gruppe von Bäumen zufährt. Dieses Wahrnehmungsbild der drei Bäume spricht sie auf tiefe Weise an. Ähnlich wie im anderen Beispiel das Geschmackssignal löst hier ein visuelles Signal eine ferne und beglückende Erinnerung aus. Im Gegensatz zur Madeleine-Episode gelangt dieser Bewußtseinsinhalt aber nicht an die Oberfläche. Dies trifft allerdings nur für die fiktionale Person zu. Der vom Proust-Experten Georges Poulet geführte Leser weiß, daß diese Baumgruppe den Erzähler an eine andere berühmte und im Roman ausführlich beschriebene Episode erinnert, nämlich an die drei Kirchtürme von Martinville (Proust 1954, Bd. 1, 181). Dieses Beispiel zeigt, daß es nicht nur eidetische, sondern auch – ich möchte sie so nennen – reduktionistische oder schematische innere Bilder gibt, die eine gekürzte Fassung eines Wahrnehmungsinhaltes wiedergeben, in diesem Fall die drei senkrechten Elemente. Solche Abbreviatur kennt man aus Umrißzeichnungen, beispielsweise Strichzeichnungen von Kindern. Ein anderer Typus oder eine andere Funktionsweise von Wahrnehmung ist hier im Spiel, eine Wahrnehmung, die nicht einfach rezeptiv und registrativ operiert, sondern aktiv und explorativ. Rudolf Arnheim beschreibt diese Wahrnehmung als Erkenntnis: »Aktives Erforschen, Wählen, Erfassen des Wesentlichen, Vereinfachen, Abstrahieren, Analyse und Synthese, Ergänzen, Korrigieren, Vergleichen, Aufgaben lösen, Kombinieren, Unterscheiden, in Zusammenhang bringen« (1977, 24).

Memorierte Bilder
Ein Problem stellt sich im Zusammenhang mit Wahrnehmungseindrücken, inneren Bildern, die nicht die Wirklichkeit, sondern Bilder betreffen. Wie speichern wir gesehene Bilder in unserem Gedächtnis? Auch hier kann man die beiden grundsätzlichen Möglichkeiten von einerseits eidetischer und andererseits schematischer Speicherung beobachten. Wahrscheinlich gibt es auch typologische Unterschiede der Nutzer. Eigentliche Eidetiker können sich nicht nur gegenständliche Bilder, sondern auch Landkarten oder Buchseiten ganz genau, sozusagen als inneren Mikrofilm, einprägen, andere nur eine reduktionistische Ansicht oder Teile davon im Gedächtnis behalten.

Es gibt trotz der heutigen Bilderflut Einzelbilder, die besonders bekannt wurden und immer wieder reproduziert werden. Um sie sich visuell zu vergegenwärtigen, genügt ihre Titelnennung. »Marilyn Monroe mit aufgeblähtem Kleid über einem U-Bahnschacht«, »Albert Einstein streckt die Zunge heraus«, »Absturz Challenger«. Als erster hat mit solchen Titeln Michael Schirner eine »Foto«-Ausstellung ohne Fotos, *Bilder im Kopf*, inszeniert (vgl. Doelker 1989, 58). Die Abrufbarkeit dieser Bilder ist interessant, weil sie durch eine Umkodierung vor sich geht: Über einen verbalen Text wird das Bild abgerufen.

Interferenzen von inneren und äußeren Bildern

Es wurde schon gesagt und immer wieder als »Überlegenheit« des Buches gegenüber Film und Fernsehen geltend gemacht, daß wir beim Lesen zum Beispiel eines Romans oder beim Hören einer Hörfunksendung eigene innere Bilder generieren. Gerade aus dieser Bewertung heraus kann auch die Abrufbarkeit von (Steh- und Bewegt-)Bildern in der eigenen Erfahrung überprüft werden. Ist es möglich, bei der Lektüre eines literarischen Werkes eigene innere Bilder zu erzeugen, *nachdem* man sich die Verfilmung angesehen hat? Oder sind die gespeicherten Bilder der Verfilmung so dominant, daß sie sich spontan einstellen und die Eigengenerierung von Bildern verhindern?

Diese Überlegungen haben auch eine praktische Seite: Es ist allgemein üblich, daß man bei wichtigen Ereignissen und auf Reisen fleißig fotografiert und (video)filmt. Wie verhalten sich die Eindrücke *dieser* Bilder, nachdem man die Fotos in Alben geklebt und die Filme angeschaut hat, zu den eigenen eidetischen Erinnerungsbildern an die betreffenden Geschehnisse?

Ich habe die Erfahrung gemacht, daß die fotografisch und filmisch hergestellten Bilder allmählich die eigenen Erinnerungsbilder verdrängen. Bei mir trat ein, was Vilém Flusser, allerdings in einem anderen Zusammenhang, so formuliert hat: Die Bilder »stellen sich vor die Gegenstände, die sie vorstellen sollen« (Flusser 1990, 118). Ich zog daraus die Konsequenz, daß ich eigenes Bildmaterial nur dann anfertige, wenn ich es für Dritte brauche.

Allerdings kann ich mir ein bewußtes Training vorstellen, das in vorwegnehmender Berücksichtigung der Tendenz zur Bildsubstituierung prospektiv eine Art »doppelte (Bild-)Buchhaltung« führt, die einerseits die Wahrnehmungseindrücke der primären Wirklichkeit bewußt speichert und andererseits, sozusagen als Sicherheitskopie, fotografisch und filmisch dokumentiert. Eine besondere Fähigkeit wäre dann zu entwickeln, wie man aus dieser »Sicherheitskopie« eigentliche eidetische Erinnerungsbilder rekonstruiert.

Sehen und Bedeutung

Die Informationsfülle der Welt ist so überwältigend, daß wir damit in unserer Wahrnehmung nur selektiv umgehen können. Unsere Sinne fungieren nicht nur als Verbindung zur Welt, sondern auch als Filter, durch den ein großer Teil der »Informationen« unterdrückt wird. Man stelle sich vor,

Die Ahnengeschichte des Menschen ist auch eine Stammesgeschichte. Eric Scott, A Dog's Life.

welcher Kakophonie man ausgesetzt wäre, wenn unser Gehör auch Radiofrequenzen wahrnehmen könnte.

Eine endlose (Stammes-) Geschichte

Nach welchen Selektionskriterien treffen die Sinne diese Auswahl innerhalb des wahrnehmbaren Spektrums? Allgemein könnte man sagen: Wir sehen und hören, was für uns von Bedeutung ist; Bedeutung zunächst im Sinne von Wichtigkeit, von Priorität. Vorrang haben nach dem Verhaltensbiologen Beat Tschanz die Reize, die »dem Selbstaufbau, der Selbsterhaltung und der Arterhaltung dienen« (Tschanz 1989, 29). Entsprechend äußert sich Ernst H. Gombrich: »Nicht anders als beim Tier, so hängt auch beim Menschen Überleben sehr oft davon ab, daß er Dinge oder Zeichen erkennt, die für ihn bedeutungsvoll sind. Daher sind wir sozusagen vorprogrammiert, nach Objekten Ausschau zu halten, die für uns entweder nützlich oder verderblich sein könnten, und überdies darauf, auf gewisse Konfigurationen leichter anzusprechen als auf andere. Tatsächlich scheint unsere Fähigkeit, ein Objekt zu erkennen, mit seiner biologischen Relevanz verbunden zu sein, so daß bei Objekten, die für uns biologisch wichtig sind, schon eine ganz schwache Ähnlichkeit genügt, diese Reaktion auszulösen« (Gombrich 1984, 281).

In vielem ist also unsere Wahrnehmung geprägt durch eine Entwicklung, die weit in die Vergangenheit reicht, und zwar hinter den Homo sapiens zurück zu den Hominiden, Säugetier- und anderen Vorläufern.

In unserer Kultur hat sich eine scharfe Grenze zwischen Mensch und Tier etabliert. Dies mag teilweise auf das jüdisch-christliche Menschenbild zurückgehen, wonach der Mensch durch einen speziellen Akt an einem besonderen Schöpfungstag geschaffen und zudem als Herr über die Tiere eingesetzt wurde. Auch die Aufklärung trug ihren Teil zu diesem Prozeß der Abkopplung des Menschen vom Kreatürlichen bei, und es wundert einen nicht, daß die Darwinsche Theorie anfangs einen Schock auslöste, der teilweise bis in die Gegenwart nachwirkt. Allerdings hat die Tierähnlichkeit des Menschen längst in Literatur und Kunst Eingang gefunden, wenn auch meist in der Variante der Vermenschlichung der Tiere, angefangen bei den Fabeln der Antike über La Fontaine, Gravuren von Grandville bis hin zu Trickfilmen und Darstellungen des Fotorealismus. Die vergleichende Verhaltensforschung (Ethologie) führt uns näher an den Menschen als manche andere Modelle.

Die »Bedeutung« der Signale für den Menschen reduziert sich allerdings nicht auf die biologische Funktion, sondern kann in umfassenderem Sinne verstanden werden: Wir nehmen vorrangig die Dinge wahr, denen eine Bedeutung zugeordnet wird oder denen wir selbst eine Bedeutung beimessen, Bedeutungen, die durch unsere Sozialisation, durch unsere Kultur, durch die Gesellschaft vermittelt werden, oder Bedeutungen, die auf persönlichen Erfahrungen gründen.

Der Übergang von Natur zu Kultur mag hier schrittweise erfolgen. So haben für einen Jäger und Sammler, der auf eine wechselnde Vielfalt von Nahrungsquellen in Flora und Fauna angewiesen ist, spontan wahrgenommene Reize für Eßbares und kulturell überlieferte Farben und Formen im Pflanzen- und Tierreich Bedeutung.

Vor allem die Sprache, die Gegenstände benennt – und zwar je nach Kultur unterschiedlich benennt –, liefert Bedeutung. Wir lernen sehen, indem wir Sprache lernen und uns Kultur aneignen. Hier gilt der grundlegende Satz, der bis in die Kunst hinein Geltung hat: Ich sehe, was ich weiß. Dort, wo nicht automatisch Bedeutungen einrasten, konstruieren wir sie.

2 Visuelle und verbale Sprache   43

Bedeutungen in Formen »hineingesehen«.
Falaise bei Bonifacio: Bison et Mouton.

Wir schreiben bedeutungslosen Formen der Natur künstlich Bedeutungen zu, indem wir Gestalten in sie projizieren, etwa bei Wolkenformen oder bei Fels- und Gesteinsformationen. Den Besuchern von Korsika, die im Boot die Klippen von Bonifacio umfahren, wird stolz das Fels-»Bild« *Bison et Mouton* vorgeführt

»Ich seh dich so gern sprechen«

»Ich seh dich so gern sprechen«, sagt Lucile zu Camille Desmoulins in Büchners *Dantons Tod* (2. Akt, 3. Szene). Das Sprechen würde eigentlich zum Hören in unmittelbarer Wechselbeziehung stehen. Warum ist es attraktiv, eine Person sprechen zu *sehen*?

Rede wird als wortsprachliche Aussage definiert und hat zunächst mit Bild nichts zu tun. Die Verbalsprache ist aber ein Edelreis, die dem urwüchsigen Wurzelstock der mimischen Sprache aufgepfropft ist. Gesichter vermitteln Schlüsselreize. Die Wirkung eines Gesichts geht über die ontogenetischen ersten optischen Eindrücke des Gesichts der Mutter hinaus. So weiß die Primatenforscherin Marie-Claude Hepp, daß schon bei unseren nächsten Verwandten, den Schimpansen, ein sehr differenziertes Mienenspiel ausgebildet ist. Man darf vermuten, daß die Verständigung unter den Hominiden, lange bevor es eine artikulierte Sprache gab, in Verbindung mit Lauten vor allem über die Mimik erfolgte.

Nachdem durch neuere Funde die Annahme bestätigt zu sein scheint, daß der Neandertaler aufgrund der Beschaffenheit und Stellung des Kehlkopfes zur voll artikulierten Verbalsprache nicht fähig war, muß das Alter der Verbalsprache wesentlich niedriger veranschlagt werden, als das bisher getan wurde. Während man dabei von einem äußeren Zeitrahmen von spätestens vor dreißigtausend und frühestens vor dreihunderttausend Jahren ausgeht, läßt sich dagegen das Alter der mimischen Sprache auf mindestens

Blick aus der Vorzeit: Gorilla.

drei Millionen Jahre schätzen. Die Ausdrucksfähigkeit der Gesichtszüge und damit der optische Anteil der »Sprache« wäre demnach mehr als zehn Mal älter als der akustische, wortsprachliche Anteil. Wen wundert es also, daß am Konferenztisch das Stirnrunzeln des Hordenchefs mehr einschüchtert als ein verbales Votum?

Wie eindeutig sind indessen die mimischen Botschaften? Studien ergaben, daß elementare Gefühle wie Trauer, Schmerz, Empörung interkulturell ziemlich gleichwertig verstanden werden. Weitere Differenzierungen lassen sich kaum eindeutig entschlüsseln.

Man kann also postulieren, daß der Entwicklung einer verbalen Sprache eine sehr lange Periode nonverbalen Ausdrucks vorausging. Dabei ist anzunehmen, daß ein Teil dieser Ausdrucksformen spontan geäußert und verstanden wurde, daß sich aber mit der Zeit Standardisierungen und Konventionalisierungen herausbildeten.

Das nonverbale Instrumentarium umfaßte nicht nur die Mimik, sondern auch Gestik und Körperhaltung; alle drei Bereiche zusammen bezeichnet man als Kinesik.

Wörterbuch der Gesten: »Wie lästig!«

Zeichenhaftigkeit *in natura*

Mit Wahrnehmungsinhalten, die von Bedeutung sind, waren zunächst diejenigen gemeint, die aufgrund von stammesgeschichtlichen Prägungen Vorrang haben. Werden solche Signale aufgezeichnet, also in ein Bild überführt, wird auch die Aufmerksamkeit auslösende Bedeutung vom Bild übernommen. Die Bedeutung in der primären Wirklichkeit wird über den Abbildungsprozeß auf die sekundäre Wirklichkeit, das Bild, übertragen. Dies trifft insbesondere auch für Wahrnehmungsinhalte zu, denen kulturell eine Bedeutung zugeordnet ist.

»Ich habe nicht verstanden.«

Wenn beispielsweise für die australischen Aborigines ein Baum eine Bedeutung als heiliger Baum hat oder der Ayers Rock als heiliger Berg gilt, wird diese Bedeutung in das Bild transportiert, sobald er fotografiert wird. Wegen eines solchen sakralen Bedeutungstransfers kann sogar ein Abbildungsverbot ausgesprochen werden (siehe S. 46).

Im Bild treten Gegenstände und Phänomene auf als das, was sie in Wirklichkeit bedeuten. Das heißt, daß der Wahrnehmungs- und Erkennungskode, der unsere Orientierung in der Wirklichkeit ermöglicht, auch für die Bildwahrnehmung gebraucht wird (vgl. Bystrina 1981).

»Ich bestehe darauf.«

Mit (Grund-)Bedeutungen sind zum Beispiel räumliche und tektonische Gegebenheiten verbunden. Tempel wurden in der griechischen Anti-

Transfer des Tremendum vom Berg auf das Bild: Damit Betrachter eines Fotos des Uluru (Ayers Rock) nicht Schaden nehmen, haben die Aborigines restriktive Anweisungen im Hinblick auf Abbildungen veranlaßt (Jürg Stadelmann).

ke – etwa auf Ägina – auf einer Anhöhe gebaut, damit der Besucher über den Tempelweg zu einem höheren Niveau aufsteigen konnte. Die Vertikale war die dominante Struktur des Mittelalters. Sie kommt nicht nur in den hochstrebenden gotischen Kathedralen, sondern auch in den langgezogenen gotischen Skulpturen zum Ausdruck. Der Blick des mittelalterlichen Menschen war von der Erde zum Himmel, auf die Transzendenz gerichtet. Im Gegensatz dazu schaute der Renaissance-Mensch in die Weite, in den Raum des Diesseits, der durch die Entdeckungen des 15. und 16. Jahrhunderts ständig erweitert wurde. Die beherrschende horizontale Linie fand in den breit ausladenden Renaissance-Palästen ihre architektonische Ausprägung.

Auch Hierarchien werden mit den Grundstrukturen »oben« und »unten« ausgedrückt. Der Machtträger setzte seine Burg nicht nur auf den Hügel, weil dieser strategischen Schutz bot, sondern auch weil er *über* seinen *Unter*tanen plaziert war. Im Iran war es einem Angehörigen der zoroastrischen Religion nicht gestattet, sich auf dem Dach eines Gebäudes aufzuhalten, wenn unten ein Mohammedaner vorbeiging. Auch hoch zu Roß durfte ein Zoroastrier nicht an einem Muslim vorbeireiten.

In einem Geschäftshochhaus residiert die Direktion in der Regel in der obersten Etage. Ist dies nicht der Fall, wird die Hierarchie durch andere räumliche Strukturen ausgedrückt, zum Beispiel den Bel Etage der Barockarchitektur. Die Stellung innerhalb eines Unternehmens kann auch durch die Raumgröße (»one-window job«, »three-windows job« etc.) oder durch die Größe des Dienstwagens angezeigt werden. Die Sprache der räumlichen Distanz (Proxemik) ist auch im Alltag zu beobachten: Personen stehen sich nahe oder gehen zueinander auf Distanz. Solche räumlichen Strukturen spielen bei Theater und Film eine wichtige Rolle.

Sage mir, was du siehst ...

Elemente und Konfigurationen der optischen Umgebung haben für den Betrachter auch eine subjektive Bedeutung. Ließ sich in den vorhergehenden Abschnitten die Bedeutung phylogenetisch, archetypisch oder kulturell festmachen, ist nun zu berücksichtigen, daß der subjektiven Wahrnehmung die Ontogenese, die persönliche Entwicklung, zugrunde liegt. Wichtigkeit und Signifikanz eines Gegenstandes ergeben sich für eine Person aus ihren bisherigen Erfahrungen, aus ihrer Herkunft, ihrem Alter, ihrem Geschlecht, ihrem Bildungsgang, einzelnen Erlebnissen oder sogar Traumata (Doelker 1979).

Hercule Poirot, der Meisterdetektiv in Agatha Christies Romanen, benutzt die subjektive Wahrnehmung von potentiellen Tätern, um unter

Subjektive Wahrnehmung: Verschiedene Betrachter sehen verschiedene Inhalte.

ihnen den Mörder zu finden. Er fordert die Personen auf, den Raum zu beschreiben, in dem sich der Mord ereignete, und er vermag so das Motiv für die Tat abzuleiten (vgl. Doelker 1984).

Subjektive Wahrnehmung wirkt sich sowohl beim Fotografieren und Filmen wie beim Zeichnen und Malen durch die Sujetwahl und die Art der Gestaltung aus.

Bild und Sprache

Darf ein nonverbales Zeichenrepertoire als Sprache bezeichnet werden? Bei terminologischen Unschärfen hilft bisweilen der Rückgriff auf die clarté française. Sowohl die Begriffe *le langage* als auch *la langue* bedeuten »Sprache«; le langage meint mehr die Ausdrucksweise und la langue das, was man gemeinhin als natürliche Sprache bezeichnet, die Sprache einer Sprachgemeinschaft wie Französisch oder Englisch. Nonverbale Sprache wäre deshalb un langage, nicht une langue. Für ein nonverbales Zeichensystem würde der Ausdruck *langage non-verbal* verwendet werden.

Wie steht es nun mit der Sprache der Bilder? Ist Bildsprache eine langue oder ein langage?

Bereits aus Kapitel 1 geht hervor, daß der Begriff »Sprache« im Ausdruck Bildsprache in Anführungsstrichen (Bild-»Sprache«) geschrieben werden müßte, weil ihm vor allem eine metaphorische Bedeutung zukommt. Dieser Unterschied soll hier verdeutlicht werden, und zwar an vier Kriterien: Umfang, Aufbau, Regelhaftigkeit, Natur der Zeichen.

Umfang

Vom Umfang der Bildsprache und Wortsprache war bereits im Zusammenhang mit dem Bilderduden die Rede. Mimetische Bilder können sich nur auf eine sichtbare, optische Wirklichkeit beziehen. Die Verbalsprache hingegen korreliert mit der gesamten Wirklichkeit, dem äußeren Universum und den inneren Welten. So ist der inhaltliche Einzugsbereich der Verbalsprache viel umfassender als bei der Bildsprache. Entsprechende unbegrenzte Ausdrucksfähigkeit ergibt sich, weil die verwendeten Zeichen vom bezeichneten Gegenstand abgelöst sind und damit frei verwendet werden können.

Die visuellen Zeichensysteme (zum Beispiel Piktogramme bei Sportveranstaltungen, in Spitälern) sind bereichsmäßig begrenzt und nicht geeignet, ein umfassendes (Bildsprach-)System zu konstituieren. Zwar gab es immer wieder Versuche, ein solch umfassendes Kommunikationsmittel zu schaffen, zum Beispiel der Versuch der Bilderschrift LoCoS, die von Yukio Ota entworfen wurde (vgl. Muckenhaupt 1986, 81, 383). Aber sämtliche Versuche, eine autochthone Bilderschrift aufgrund einer universellen Bildsprache zu entwerfen, scheitern zwangsläufig an der erwähnten Begrenztheit des Umfangs, es sei denn, sie vermögen sich vom reinen Abbildungscharakter zu lösen. Auf diesem Weg ist die Schrift entstanden, als visuelle, aber auf die Verbalsprache bezogene Form.

Aufbau

Die sichtbare Welt besteht aus einem Kontinuum von Erscheinungen. Dagegen ist die verbale Welt durch klar voneinander unterschiedene Elemente strukturiert. Solche distinkten Elemente und Bereiche lassen sich im Sinne einer strukturalistischen Betrachtungsweise als Oppositionen verstehen, wie hell–dunkel, süß–sauer, richtig–falsch. Das erste Beispiel mag den Unterschied zwischen der Bildsprache und der Wortsprache deutlich machen: Vom hellen Mittag über Dämmerung bis zur Dunkelheit gibt es kontinuierliche Übergänge, die sich verbalsprachlich nur kategoriell (eben als hell und dunkel) gliedern lassen. Das bekannteste Beispiel für das Kontinuum der sichtbaren Wirklichkeit ist das Farbspektrum, das in den verschiedenen Kulturen unterschiedlich strukturiert wird.

Daß sinnlich faßbare Dinge in verschiedenen Sprachen semantisch unterschiedlich kategorisiert werden können, zeigt das folgende Beispiel: Ein krautiges, blütentragendes Gewächs wird im Deutschen *Blume*, im Englischen *flower* genannt. Der blühende Teil einer Pflanze heißt in den beiden Sprachen *Blüte* beziehungsweise *blossom*. Wo diese beiden Sprachen zwei verschiedene Inhalte unterscheiden, sieht das Französische nur einen und kennt deshalb auch nur einen Ausdruck dafür, nämlich *fleur* (vgl. Pelz 1975, 186).

Die Strukturunterschiede von Verbal- und Bildsprache sind allerdings noch tiefgreifender. Auch der Zeichenkörper der Verbalsprache setzt sich aus distinkten Elementen, den Lauten oder Phonemen, zusammen. (*Laut* kann auch im Sinne eines kontinuierlichen akustischen Spektrums verstanden werden, während *Phonem* die systemimmanente bedeutungsrelevante Strukturierung meint.) In allen Sprachen der Welt gibt es nur eine beschränkte Zahl von Lauten oder Phonemen, die sich indessen zu beliebig vielen größeren und neuen Einheiten kombinieren lassen.

Regelhaftigkeit

Die Verbalsprache ist nicht nur – immer im de Saussureschen Sinne – ein System von Zeichen, sondern umfaßt auch einen Kanon von Regeln, genannt Grammatik, die den Zeichengebrauch beschreiben und, im Falle der normativen Grammatik, vorschreiben (»le bon usage«). Gibt es ähnliche Gesetze, die den Gebrauch der Bilder »regeln«?

Hier stellen sich spontan Vorstellungen wie Goldener Schnitt und beim Film die Montagegesetze ein. Gleichzeitig wird einem die Relativität solcher Gestaltungsregeln bewußt, wenn man beobachtet, wie heute schnell einmal durchbrochen wird, was gestern als fast unumstößliche Vorschrift der Montage galt. Bei den Regeln der Gestaltung geht es demnach eher um »Gesetze des Sehens« als um Gesetze der Realisierung (Metzger 1975). Die Realisierung muß lediglich den Wahrnehmungsgewohnheiten Rechnung tragen, sei es im Sinne einer Entsprechung oder – innovatorisch – einer Durchbrechung. Wir werden später auf diese Frage der Regelbarkeit zurückkommen.

Natur der Zeichen

Ein anderer grundlegender Unterschied zwischen Bildsprache und Wortsprache betrifft die Natur der Zeichen. Nach einer Sprachtheorie, die in die Antike zurückreicht, beruht das sprachliche Zeichen auf drei Aspekten: dem Zeichenkörper, also der sinnlich wahrnehmbaren Erscheinungsweise, der damit verbundenen Vorstellung oder Bedeutung und der Sache selbst, die auch als Referenz bezeichnet wird und sozusagen die semantische Golddeckung für die Bedeutung des Zeichenkörpers darstellt (vgl. Nöth 1985, 91f.).

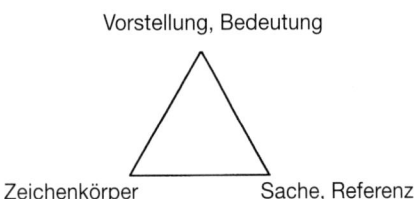

Daß beim sprachlichen Zeichen nur drei Aspekte unterschieden werden können, ist nicht naturgegeben. Umberto Eco (1972) meint sogar, nur ein Polygon könne die Komplexität der Zeichenrealität einfangen. Im Gegensatz dazu begnügt sich de Saussure (1931) mit nur zwei Aspekten, der Bedeutung (Vorstellung, *signifié*) und dem Zeichenkörper (Klang oder Schrift, respektive Bild, *signifiant*).

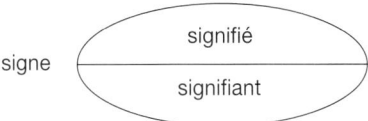

Ein Beispiel soll die zwei Aspekte des sprachlichen Zeichens erläutern. Die Semiotiker operieren vorzugsweise mit dem Paradigma Pferd; ihm ist um so leichter zu folgen, als René Magritte hiervon eine eingängige grafische Variante vorgelegt hat.

Im deutschen Wort *Pferd* bildet die Lautfolge /p f e r d/ den signifiant. Die Bedeutung »Pferd« wird in anderen Sprachen durch einen anders lautenden signifiant wiedergegeben, etwa *cheval* im Französischen oder *horse* im Englischen. Der signifiant ist von Wortsprache zu Wortsprache verschieden. Die entsprechenden Bezeichnungen können aufgrund der Bedeutung in den zweisprachigen Wörterbüchern nachgesehen werden.

Ein anderes Beispiel: Dem deutschen signifiant *Igel* entspricht in den beiden anderen Sprachen *hérisson* und *hedgehog*. Hier kann die Komplikation entstehen, daß der Angelsachse den deutschen signifiant /i:gl/ als »eagle« versteht. Aber auch innerhalb der gleichen Sprache sind Homonyme und damit Mißverständnisse möglich: Der deutsche signifiant *Wagen* hat auch die Bedeutung von »wagen« im Sinne von »riskieren«.

Diese Beispiele sollen die grundsätzliche Feststellung von de Saussure illustrieren: Sprachzeichen sind beliebig. Wenn der Wortkörper mit dem Bezeichneten etwas zu tun hätte, könnte das gleiche Wort nicht in derselben Sprache verschiedene Dinge bezeichnen.

Hierin besteht der grundlegende Unterschied zwischen verbaler und visueller Sprache. Was von de Saussure für Sprachzeichen als Ausnahme angeführt wird, die Motiviertheit, das heißt »Unbeliebigkeit« der Schallwörter (wie »Kuckuck«), ist bei den Bildzeichen die Regel. Das Bildzeichen für »Pferd« beruht auf einer formalen Ähnlichkeit mit dem Gegenstand und wird deshalb auf Anhieb richtig gelesen (sofern man in einer entsprechenden Kultur aufgewachsen ist). So sind Bildzeichen respektive Piktogramme für Benutzer verschiedener sprachlicher Herkunft verständlicher als Wortzeichen und werden entsprechend an Schauplätzen mit internationalem Publikum wie Bahnhöfen und Flughäfen bevorzugt verwendet.

Semiotisches Paradigma: Visuelles und verbales Zeichen für den referentiellen Gegenstand (René Magritte).

Allerdings sind auch diese Zeichen zum Teil konventionalisiert und müssen entsprechend gelernt werden. Nur lassen sie sich – eben dank ihrer Motiviertheit, ihrer Ähnlichkeit mit dem Bezeichneten, ihrer »physiognomischen« Übereinstimmung mit der Wirklichkeit – leichter im Gedächtnis behalten.

Schließlich können auch Bildzeichen beliebig und nur durch Konvention geregelt sein, wie das Zeichen für »Einbahnstraße« und für »Einfahrt verboten«.

Besonderheiten von Bild und Wort

Die Besonderheiten von Bild und Wort habe ich bereits in meinem Buch *Kulturtechnik Fernsehen* ausführlich beschrieben (1989, 173–182). Ich möchte auf diese grundsätzlichen und zum Teil detaillierten Ausführungen verweisen, die ich hier in anderem Kontext sowohl zusammenfasse als auch ergänze und neu akzentuiere. Um die Kompatibilität bei der Beschreibung zu gewährleisten, gehe ich nach der inhaltlichen Strukturierung von *Kulturtechnik Fernsehen* vor.

Das Bild ist konkret – das Wort ist abstrakt

Unter »konkret« fasse ich die drei Qualitäten »stofflich-sinnlich erfahrbar«, »imitativ« (dem Abgebildeten ähnlich) und »individuell« zusammen. Ich schließe mit dieser Charakterisierung des Bildes an das Unterkapitel »Bild und Wirklichkeit« an. Der »Wirklichkeitsgehalt« des Bildes läßt sich bisweilen fast taktil in seiner Materialität erspüren, stets aber durch den Gesichtssinn in der visuellen Erscheinung erfassen.

Daß sich Bilder, gemäß dem Mimesis-Gedanken, durch Ähnlichkeit gegenüber ihrer Vorlage in der Realität auszeichnen, wurde oben bis hin zum Trompe-l'œil verfolgt. Diese den imitativen Bildern eigene sogenannte Ikonizität oder Similarität ist das deutlichste Charakteristikum, das sie vom Wort unterscheidet. Dank dieser physiognomischen Übereinstimmung des Bezeichnenden mit dem Bezeichneten sind Bilder rascher, unmittelbarer entschlüsselbar. Eine Umkodierung von einem abstrakten Begriff, einer arbiträren Form auf einen bestimmten Inhalt ist nicht notwendig. Dieser Vorteil hat seine Grenzen, denn Abstraktion kann eine Abkürzung, Konkretheit einen Umweg bedeuten. Ein Schild am Gartentor »Warnung vor dem Hunde« wird vom Leser mit einem zähnefletschenden Ungeheuer assoziiert und erzielt so wahrscheinlich eine größere Wirkung,

Der abstrakte verbale Begriff »Baum« in verschiedenen Konkretisierungen. Eduardo Arroyo, Dans le respect des traditions.

als wenn der in diesem Haus tatsächlich vorhandene kleine Pinscher naturgetreu abgebildet wäre. Ikonisch wäre bereits eine Warntafel, auf der die abstrakten Umrisse eines Hundekopfes, als visuelles Schema, gezeigt würden.

Die Gegenüberstellung »konkret–abstrakt« darf also nicht als absolute Opposition »Bild–Wort« aufgefaßt werden, sondern soll Abstufungen zulassen. »Warnung vor dem Wolfshund« wäre in dem Sinne eine graduelle Konkretisierung durch die Verbalsprache. Umgekehrt ist dem Wort vorbehalten, zu kategorisieren, zu generalisieren. Ein Begriff wie »Säugetiere« wäre durch direkte visuelle Repräsentation gar nicht darstellbar.

Die Konkretheit des Bildes ermöglicht auch eine physiognomische Übereinstimmung mit der Wirklichkeit, indem sie das Einmalige, das Unverwechselbare des Individuums zum Ausdruck bringt. In der Wiedergabe von Individualität ist das Porträt, das Paßfoto, die detailreiche visuelle Repräsentation eine mit keinem anderen Kode vergleichbare Leistung. Als Beispiel lasse ich eine verbale Personenbeschreibung, die Beschreibung von Marie Godeau in Thomas Manns Roman *Doktor Faustus*, und einen visuellen Text folgen, das Foto der berühmten Filmschauspielerin Maureen O'Hara.

Die unverwechselbare Konkretheit des Porträts (Maureen O'Hara): Ein Bild sagt mehr als tausend Worte.

»Daß sie die schönsten schwarzen Augen von der Welt hatte, stelle ich voran, – schwarz wie Jett, wie Teer, wie reife Brombeeren, Augen, nicht gar groß, aber von offenem, in seiner Dunkelheit klarem und reinem Aufblick, unter Brauen, deren feine, ebenmäßige Zeichnung so wenig mit Kosmetik zu schaffen hatte wie das mäßige Lebensrot der sanften Lippen. Es war nichts Künstliches, keine nachziehende, untermalende, färbende Aufmachung an dem Mädchen. Die natürlich-sachliche Annehmlichkeit, mit welcher etwa ihr dunkelbraunes, im Nacken schweres, die Ohren frei lassendes Haar aus der Stirn und von den zarten Schläfen zurückgenommen war, gab auch ihren Händen das Gepräge, – verständig schönen, keineswegs sehr kleinen, aber schlanken und dünnknochigen Händen, an den Gelenken schlicht umspannt von den Manschetten einer weißen Seidenbluse. So war von glattem Kragen der Hals umschlossen, der schlank und wie eine Säule rund, in der Tat wie gemeißelt, daraus emporstieg, gekrönt von dem lieblich zugespitzten Oval des elfenbeinfarbenen Gesichts mit dem feinen und wohlgeformten, durch lebhaft geöffnete Nüstern auffallenden Näschen. Ihr nicht eben häufiges Lächeln, ihr noch selteneres Lachen, das immer eine gewisse rührende Anstrengung der wie durchsichtigen Schläfenpartie mit sich brachte, entblößte den Schmelz dicht und ebenmäßig gestellter Zähne« (Mann 1947, 625f.).

Das Bild ist dem Raum zugehörig

Optische Wahrnehmung ist untrennbar an den Raum gebunden, und sie nimmt selber eine Organisation des Raumes vor. Die Entwicklung des Menschen zu einem optischen Wesen hängt, wie die Biologen ausführen, mit unserer Primatenvergangenheit im Urwald zusammen. Für die Abschätzung des Sprungs von Ast zu Ast hat sich der Gesichtssinn als geeigneter erwiesen als der Geruchs- oder Tastsinn. Mit dem Hinaustreten in die Savanne und dem Sich-Aufrichten des Menschen wurde der Gesichtssinn zusehends zu einem dominanten sensorischen Kanal. Fähigkeiten wie die Erfassung der Dingkonstanz über größere Entfernungen hinweg und aus der Bewegung heraus sind Eigenschaften, die ebenso für die Klärung der primären räumlichen Wirklichkeit wie für den Bildraum benötigt werden (vgl. Gombrich 1984, 279).

Die Räumlichkeit des Bildes gestattet auch den Vorzug einer globalen Wahrnehmung. Wenn – wie in der Verbalsprache – Informationen segmentweise in der Zeit dargeboten werden, ist auch die Verarbeitung nur sukzessive möglich. Aufgrund des Wahrnehmungskodes lassen sich Objekte von ihren Umrissen oder von anderen charakteristischen Merkmalen her in Bruchteilen von Sekunden erkennen.

Da die Bildwahrnehmung als optische Wahrnehmung älter ist als die Entschlüsselung von verbalen Konzepten, funktioniert sie schneller und leichter und beansprucht bei gleichzeitiger Darbietung mit verbalen Äußerungen auch den phylogenetischen Vorrang. Die leichte Identifizierbarkeit von Bildern erklärt auch weitgehend die Beliebtheit von Fernsehen und Film und zugleich die irrige Vorstellung, diese audiovisuellen Medien seien leicht(er) verständlich.

Optische Wahrnehmung dringt zwar in die Raumtiefe vor, aber nicht durch die Oberfläche der Gegenstände. In diesem Sinne ist räumliche Abbildung, wenn sie sich auf die Oberflächenbeschaffenheit beschränkt, bei

Dank Räumlichkeit des Bildes zusammengerückt: Die Schlösser des Médoc.

der Erschließung von Realität unzulänglich. Solche Überlegungen haben den jurassischen Künstler Rémy Zaugg dazu geführt, Außenansichten mit Schriftsträngen zu verbinden.

Die emotionale Wirkung des Bildes ist unmittelbarer als beim Wort

Emotionale Wirkung: Ein Bild beeindruckt mehr als tausend Worte. Ölpest (Benetton).

Auch mit dieser Eigenschaft des Bildes schließen wir an die Vergangenheit unserer Wahrnehmung an. Die Auslösung von Gefühlen reicht über die rechte Hälfte des menschlichen Großhirns bis in das limbische System, das bereits in älteren Phasen der Säugetierentwicklung ausgebildet ist. Täglich kann man beobachten, wie Hunde »Freude« oder »Angst« und »Unwillen« ausdrücken.

Viele Bilder werden bei der Rezeption mit Gefühlen verbunden. Emotionen können von der ästhetischen Qualität, insbesondere aber von den Inhalten ausgehen, die anziehen oder abstoßen.

Dabei spielen Gesichter eine zentrale Rolle. Je größer die Einstellung, in der ein Gesicht auf dem Bildschirm erscheint, um so direkter sind wir zu den Emotionen der betreffenden Person zugelassen respektive werden unsere eigenen Gefühle angesprochen. Diese Gefühlsreaktionen kanalisieren sich im wesentlichen auf die Wirkung »angenehm« oder »unangenehm«, was dem alten Freund-Feind-Schema entspricht. In der Emotionsforschung werden auch die Eindrücke »mächtig« versus »schwach«, »erregend« versus »beruhigend« gemessen. Bei den emotionalen Wirkungen ist, wie die Kommunikationspsychologin Hertha Sturm (1991, 60ff.) nachgewiesen hat, charakteristisch, daß sie über längere Zeit stabil bleiben – im

Gegensatz zu den kognitiven Medienwirkungen, der Vermittlung von Wissen, das rasch wieder vergessen wird.

Emotionale Wirkungen des Fernsehens werden natürlich nicht allein durch Bild, sondern auch durch Ton, also Inhalt und Tonalität der gesprochenen Sprache, Musik, Geräusche und Effekte erzielt.

Das Bild ist in seiner Bedeutung offen – das Wort festgelegt

Die Bedeutung von Wörtern kann im Wörterbuch nachgeschlagen werden. Für Bilder gibt es kein Wörterbuch. Man spricht deshalb von der grundsätzlichen Polysemie des Bildes, seiner Vieldeutigkeit. Ich ziehe die Formulierung vor, das Bild sei in der Bedeutung offen, denn auch ein Wort kann mehrdeutig oder vieldeutig sein. Aber alle diese Bedeutungen sind fest und im Wörterbuch aufgelistet. Und auch wenn ein Wort »zweideutig« gebraucht wird, ist dies nur aufgrund seiner primären Eindeutigkeit möglich.

Ein Bild hingegen kann allein von seinem Abbildcharakter her üblicherweise keine festen Bedeutungen transportieren, es sei denn, diese bestünden schon bei Gegenständen und Konstellationen in der primären Wirklichkeit. Oder aber die Bedeutung ist, wie bei einem verbalen Sprachzeichen, durch Übereinkunft festgelegt: Von entsprechenden Bildzeichen wie Verkehrszeichen, Signeten usw. war bereits die Rede.

Man kann nun noch grundsätzlich zwischen Bildern unterscheiden, die offen in der Bedeutung sind, weil sie ohne Unterlegung einer bestimmten Bedeutung, also ohne eine nähere Aussageabsicht entstanden sind, und Bildern, die im Hinblick auf eine bestimmte Aussage angefertigt wurden. So hat Roland Barthes die Vermutung geäußert, daß es im Vergleich zur Fotografie einfacher sei, ein Gemälde zu beschreiben, weil ein Gemälde immer schon kodiert, das heißt mit einem bestimmten Sinn unterlegt sei (vgl. Barthes 1977, 19, Anm. 1). Dagegen läßt sich allerdings einwenden, daß es auch in der Kunstfotografie, im Spielfilm oder in der Werbefotografie möglich und üblich ist, Bildinhalte auf eine eindeutige Absicht und damit eine ausschließliche Bedeutung auszurichten. »Störende« Gegenstände können entfernt werden. Michelangelo Antonioni hat in *Deserto Rosso* sogar Pflanzen übermalt, um das Filmbild seiner Intention und damit der beabsichtigten Bedeutung anzupassen.

Wenn man allerdings mit dem Bild etwas anderes »bedeuten« will, als es in natura darstellt, muß visueller Ballast, der die Bedeutung in eine andere

Metzger in Aktion: Bildinhalt zwar benennbar, aber Bildbedeutung ungewiß.

Richtung lenken oder die Aufmerksamkeit von den intendierten Inhalten abziehen kann, semantisch ausgegrenzt werden (entweder durch Retouchierung oder durch Wahrnehmungssteuerung mittels Legende). Grundsätzlich gibt es keine nicht-gemachten Bilder.

Es ist aber wichtig, sich darüber bewußt zu sein, daß eine intendierte Bedeutung, eine Bedeutung, die für den Macher des Bildes eindeutig feststeht und mit dem Bild transportiert werden soll, an der grundsätzlichen Mehrdeutigkeit des Bildes nichts ändert. Bei der Verbalsprache sind zwar die Zeichen respektive Zeichenkörper beliebig, aber deren Bedeutungen verbindlich festgelegt. Dies ergibt eine solide Basis für die Verständigung. Wenn in der Bildsprache die Zeichen respektive Zeichenkörper infolge ihres Abbildcharakters, ihrer Ähnlichkeit, nicht beliebig sind, wohl aber die Bedeutungen, wären Bilder als Verständigungsmittel wenig geeignet.

Es bleiben also nur zwei Möglichkeiten, um bei bildsprachlichen Aussagen nicht mißverständlich zu sein: Entweder man legt die Bedeutung von bestimmten Bildzeichen verbindlich fest, wie dies bei Piktogrammen der Fall ist, also durch Konventionalisierung, oder aber man sagt oder schreibt jedesmal, wie, das heißt in welchem Sinne, mit welcher Bedeutung ein Bild zu lesen ist. Nur ein Bild in Verbindung mit einer verbalsprachlichen Anweisung, die die richtige Lesart der verschiedenen potentiellen Bedeutungen eindeutig macht, eignet sich für eine Verständigung ohne Fehlleistungen. Es ist ein Zusatz zum Bild notwendig: ein Zu-Satz. Mit der Kombination zweier Informationsstränge ist indes bereits ein Schritt zu einer anderen Textkategorie vollzogen.

3
Erweiterter Textbegriff

In meinem Buch *Kulturtechnik Fernsehen* (1989) wurde der Textbegriff systematisch von der geschriebenen und gesprochenen Wortinformation um die visuelle und audiovisuelle Darbietung erweitert.

Das Wort Text stammt von lateinisch *textum* und heißt »Gewebe, Gefüge« (*texere* = weben, flechten, verfertigen). In der erweiterten Bedeutung meint Text dann nicht nur das Aneinanderreihen von geschriebenen oder gedruckten Zeilen, sondern auch das Zusammenfügen von in Bild und Ton kodierten Informationssträngen. Wir haben es dann mit visuellen Texten (Stehbild, Bewegtbild, Schrifttext), auditiven Texten (Sprechtext, Musik, Geräusch) und audiovisuellen Texten (aus Bild-, Wort- und Tonsträngen) zu tun (vgl. S. 143).

Die Informationsstränge lassen sich also in verschiedener Weise verbinden und kombinieren, was zu einer Kategorisierung Anlaß gibt. Vier Kategorien von Texten können dabei unterschieden werden.

Textkategorien

Einfache Texte
Einfache Texte bestehen aus nur einer technischen Form, also entweder aus Wort, aus Bild oder aus Ton.

Gesamttexte
Mit Gesamttext bezeichnen wir eine bedeutungskonstituierende Zusammenfügung von verschiedenen (aus je einer technischen Form bestehenden) Informationssträngen, zum Beispiel die Verbindung von Bild und Wort (Print-Gesamttext) oder Bild und Ton (audiovisueller Text). Es gibt auch Zusammenfügungen von Informationssträngen der gleichen Modalitäten (Splitt- und Mischverfahren bei Bild oder Ton).

Mit der Möglichkeit, verschiedene Informationsstränge zu einem Gesamttext zusammenzufügen, entsteht für den Medienkonsumenten eine grundsätzlich andere Rezeptionssituation als beim Lesen von einfachen Texten.

Gesamttext: mehr als ein Bild(text) (Klaus Staeck).

Additive Texte

Darunter verstehen wir einzelne Textseiten oder -folgen, bei denen nicht stringent zusammengehörige Texte als Gesamtkorpus präsentiert werden, zum Beispiel eine Zeitungsseite, eine Computeroberfläche (die nicht als Gesamttext konzipiert ist) oder eine Folge von audiovisuellen Einzeltexten (ohne dramaturgische Gesamteinbindung).

Hypertexte

Bei Hypertexten handelt es sich um nicht-lineare (einfache oder Gesamt-) Texte, die durch den Nutzer konstituiert werden, indem er die Reihenfolge der Montageteile im Lektürevorgang bestimmt.

Hypertext: Fortschreibbarkeit als Prinzip (hier Thema Himmel / Wolken in der swissair Gazette*).*

Textarten

Die Unterscheidung von zwei Textarten nimmt Bezug auf die grundsätzlich verschiedenen Wahrnehmungsverhältnisse im Hinblick auf audiovisuelle Texte. Im einen Fall befindet sich der Konsument in der analogen Wahrnehmungssituation wie die Aufnahmeequipe; im andern Fall ist eine zusätzliche Verarbeitung der in der Postproduktion vorgenommenen Arrangements erforderlich.

Einsträngiger Text: entspricht der natürlichen Wahrnehmungssituation. René Magritte vor dem Kamera-Auge.

Der einsträngige (= monogene) Text

Als einsträngiger oder monogener Text wird ein einfacher Text oder eine audiovisuelle Darbietung bezeichnet, bei der Bild- und Tonquelle aus einer (Mono-)Ebene stammen, der Ereignisebene, in der ein optisch-akustischer Ablauf stattfindet (ich verwende die griechischen Bezeichnungen für die primäre Wirklichkeit und die lateinischen Adjektive für die mediale Wirklichkeit): Der eine Informationsstrang besteht also aus der audiovisuellen Abbildung des akustisch-optischen Geschehens. Paradebeispiel für einen monogenen Text ist der sprechende Mensch vor der Kamera. Man sieht und hört gleichzeitig einen Ausschnitt der Wirklichkeit. Kennzeichen eines einsträngigen audiovisuellen Textes ist, daß die Wahrnehmungssituation für einen Akteur der abgebildeten Wirklichkeit die gleiche ist wie für den Rezipienten dieser abgebildeten Wirklichkeit. Auch akustische Quellen, die im Bild nicht sichtbar sind, aber der Ereignisebene entstammen (Off-Töne), sind in diese Einsträngigkeit einbezogen. Das zwei Sinne ansprechende Ereignis wird nicht künstlich nach Modalitäten getrennt. Zwar ist nicht ausgeschlossen, daß rein technisch die beiden Informationsquellen Bild und Ton separat behandelt, getrennt aufgenommen und hernach wieder zusammengefügt oder nachbearbeitet (zum Beispiel durch Nachsynchronisierung im Tonstudio) werden. Entscheidend für die Einsträngigkeit (Monogenität) ist mithin die Deckungsgleichheit der entsprechenden Erscheinungsformen, wie sie sich beispielsweise in der Lippensynchronität ausdrückt.

Ist eine Einsträngigkeit nur simuliert, indem beispielsweise bei einer fremdsprachigen Synchronisierung von Spielfilmen der akustische Teil des Ereignisses durch eine inhaltlich entsprechende auditive Komponente ersetzt wird, verwenden wir die Bezeichnung »pseudomonogener Text«. Pseudoeinsträngige Texte liegen auch bei sprechenden Trickfilmfiguren vor. Wird statt der Synchronisierung ein Originalstatement mit der Übersetzung übersprochen oder durch eingeblendete Schrift untertitelt, handelt es sich nicht mehr um einen einsträngigen, sondern um einen zweisträngigen Text.

Der mehrsträngige (= plurigene) Text

Im plurigenen Text stammen die optischen und akustischen Quellen respektive die visuellen, audiovisuellen und auditiven Stränge aus verschiedenen Ebenen. Die Stränge des plurigenen Textes laufen erst beim Rezipienten zusammen: Die Wahrnehmungssituation des Empfängers des mehrsträngigen Textes ist eine andere als diejenige eines Akteurs im abgebildeten Ereignis. So ist zum Beispiel ein Schauspieler in einem Spielfilm von der Wahrnehmung der Begleitmusik und der Untertitelung ausgenommen: Diese Stränge treffen sich erst in der Wahrnehmung des Nutzers. Die Verbindung von solchen genuin nicht zusammengehörenden Informationssträngen entspricht der ursprünglichen Kinosituation im Stummfilm: Mit ereignisfremden Tönen wurde die Filmdarbietung am Orchestrion live begleitet.

Mehrsträngigkeit aus Bild, Wort und Schrift (ARD Tagesschau).

Der Gesamttext unterscheidet sich vom additiven Text dadurch, daß sich die verschiedenen Informationsstränge aufeinander beziehen und in ihrer Gesamtheit die intendierte Bedeutung des Textes konstituieren. Zwar stehen bisweilen in einer Fernsehdarbietung Bildstrang und Wortstrang nur in einem entfernten Sinnzusammenhang (vgl. »Zeitgebundene Texte«, S. 175 sowie Doelker 1989, 196f.). Es gibt aber auch im Fernsehen additive Texte, wenn beispielsweise außerhalb der Programmsendezeiten lediglich ein Testbild und im Tonkanal eine beliebige Musik ausgestrahlt werden. Zwei- und mehrsträngige visuelle Texte liegen vor bei einem gesplitteten Bildschirm, sofern durch das Splitting ein Sinnzusammenhang konstruiert wird. Bei einer bloßen Aufteilung, einem Bildschirm-Sharing, handelt es sich um einen additiven Text.

Textsorten

Von der Praxis ausgehend, geläufige Unterscheidungen aus dem verbalsprachlichen Bereich auch für eine Bildsprache nutzbar zu machen, läßt sich der Begriff »Textsorte« auf Medientexte ausdehnen. Im Hinblick auf Medientexte hat sich die folgende Einteilung bewährt (vgl. Doelker 1979; 1989, 158–164).

Gebrauchstexte
Dazu gehören zum Beispiel visuelle und audiovisuelle Gebrauchsanweisungen, von der Apparatehandhabung bis zu Wettervorhersage, Kochtips und anderen Service-Sendungen in den Medien. Sie ergeben sich aus allgemeinen Gesprächs- und Alltagssituationen.

Dokumentarische Texte
Dokumentarische Texte stehen in einem besonders verbindlichen Bezug zum Faktischen. Es sind Bilder (Spurbilder und Abbilder), die ein be-

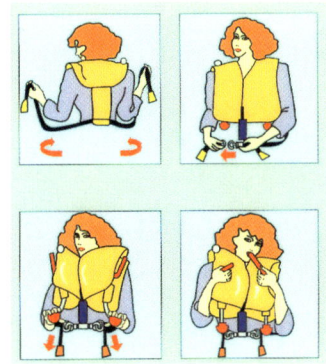

Visuelle Gebrauchsanleitung (Safety on Board-Card, Crossair).

Wandteppich als ungewöhnliches Medium der Geschichtsschreibung (Schlacht von Hastings, 1066): Teppich von Bayeux.

stimmtes lokalisierbares und datierbares Geschehen festhalten, dokumentieren. Sie sind nicht nur allgemein auf der Ebene der Realität angesiedelt wie Gebrauchstexte, sondern wurzeln in einer bestimmten Realität, im Humus der Authentizität. Dokumentarische Texte wie Nachrichten, Reportagen, Informationssendungen unterliegen dem Anspruch auf Verifizierbarkeit.

Fiktionale Texte

Fiktion: ungewisser Bezug zur Wirklichkeit (Douglas Sirk, Written on the Wind*).*

Fiktionale Texte wie Krimis oder Western weisen auf sich selbst zurück. Sie kommen aus ohne eine Referenz, ohne einen *referent* in der Wirklichkeit. Sie können sich aber auch auf eine bestehende Wirklichkeit beziehen, ja sogar daraufhin angelegt sein, eine Wirklichkeit dichter darzustellen, als dies bei einer dokumentarischen Darstellung möglich ist. Aber der Bezug zum *referent* bleibt definitionsgemäß ungewiß.

Ludische Texte

Als ludische Texte werden Spieldarbietungen verschiedenster Art bezeichnet: Wettspiele, Ratespiele, Kampfspiele, denen auch Brüllshows zugerechnet werden können, Videospiele usw. Sie gehorchen nur ihren eigenen Gesetzen, den Spielregeln, und haben keine anderen Bezüge als die Spielsituation. In einer erweiterten Bedeutung, die sich mit Johan Huizinga (1956) auf den »Ursprung der Kultur im Spiel« besinnt und einem Hörer / Betrachter / Zuschauer den Status des Homo ludens zubilligt, sind auch unterhaltende und künstlerische Darbietungen wie Konzert und Show – Spiel der Töne, Formen, Farben – ludische Texte mit ästhetischem Selbstzweck.

Bildschirm als (Asterix-)Spielfeld.

Intentionale Texte

Zwar gilt generell für Kommunikation, daß diese nicht unabhängig von einer Absicht stattfinden kann; bei intentionalen Texten – überredenden Äußerungen, Werbebotschaften, Propaganda, demagogischen Reden usw. – wird indessen die Aussage dieser einen Intention untergeordnet und inhaltlich und gestalterisch danach ausgerichtet, unter Ausschaltung anderer Kriterien wie Faktizität, Wahrheit etc.

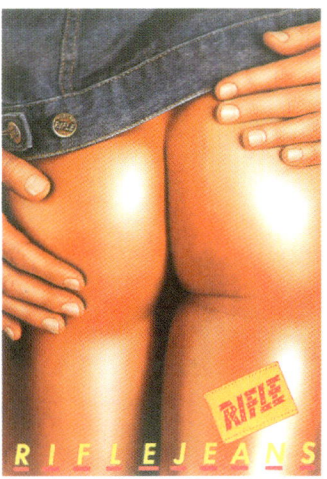

Nackte Verkaufsabsicht: Plakat für Rifle-Jeans (Marti, Ogilvy & Mather AG).

Teil II
Bedeutungs-
ebenen des Bildes

In Teil II werden verschiedene Bedeutungsebenen des Bildes behandelt und deren neun unterschieden. Diese semantischen Schichten hängen zum Teil mit der Geschichte der Wahrnehmung und zum Teil mit der kulturellen Entwicklung zusammen; hinzu kommen gesellschaftlich festgelegte Kodierungen und persönliche Kodierungen. Es werden aber auch Bedeutungsschichten freigelegt, zu deren Entschlüsselung es der Mobilisierung der Tiefenpsychologie bedarf.

Zwei methodische Ansätze gelangen zur Anwendung: einerseits ein bildspezifischer Ansatz, der u.a. die Funktionen untersucht, die Bilder übernehmen können, und ein sprachmetaphorischer Ansatz, der nach Kategorien der Sprachgrammatik, wie Phonetik, Flexion, Syntax, die möglichen Leistungen von Bildsprache abfragt.

Schließlich wird gezeigt, wie sich einzelne Bedeutungsebenen in Kodes zusammenfassen lassen und wie Bildtexte aus der Überlagerung solcher Kodes entstehen. Außer durch Überlagerung werden Bildtexte auch durch Kombination von Informationssträngen gebildet.

4 Funktionale Bedeutung

Es gibt einen Anteil der Bildbedeutung, der dem Bild »vorgeschaltet« ist, der also eine Bedeutung impliziert, bereits bevor das Bild hergestellt ist. Er besteht in der Absicht des Bild-Machers und wird durch die Funktion des Bildes ausgedrückt. Soll ein Bild von vornherein zum Beispiel zur Auflockerung oder zum Auffüllen eines verbalen Textes dienen oder als Beleg für eine Aussage oder als Veranschaulichung eines Gedankens benötigt werden, ist dadurch eine erste Bedeutung gesetzt.

Es ist allerdings auch möglich, daß ein Bild aus einer bestimmten Absicht und in einer bestimmten Funktion produziert wurde, sich aber später aus dieser semantischen Fessel befreit und einen anderen Status einnimmt. Bilder, die zum Beispiel aus kommunikativer Absicht, zur Vermittlung eines bestimmten Inhalts, gemacht wurden, interessieren später allenfalls nur noch durch ihre ästhetische Qualität. Generell ist zur funktionalen Bedeutung anzumerken, daß sich die im folgenden genannten Funktionen nicht ausschließen, sondern in vielem überschneiden können. Meistens gibt es eine vorrangige Funktion, bestimmt durch die Absicht des Bildmachers oder den Nutzen für den Bildbetrachter.

Registrative Funktion: Spurbilder

Im byzantinischen Bilderstreit des 8. und 9. Jahrhunderts wurde von den Bilderfreunden die Theorie der *Methexis* entwickelt, weil sie sich so vom Vorwurf des Götzendienstes zu entlasten hofften. Das Bild sei nicht die Gottheit selber, sondern lediglich eine Verbindung zur Gottheit. Der Ausdruck »Methexis« geht auf Platon zurück. Er meinte damit, daß man durch den Anblick der Dinge nicht zu den Ideen selber vordringen, wohl aber an ihnen teilhaben könne. Entsprechend ist also das Bild nicht das Ereignis selbst, sondern eine Spur des Ereignisses, die uns mit der Wirklichkeit verbinden kann.

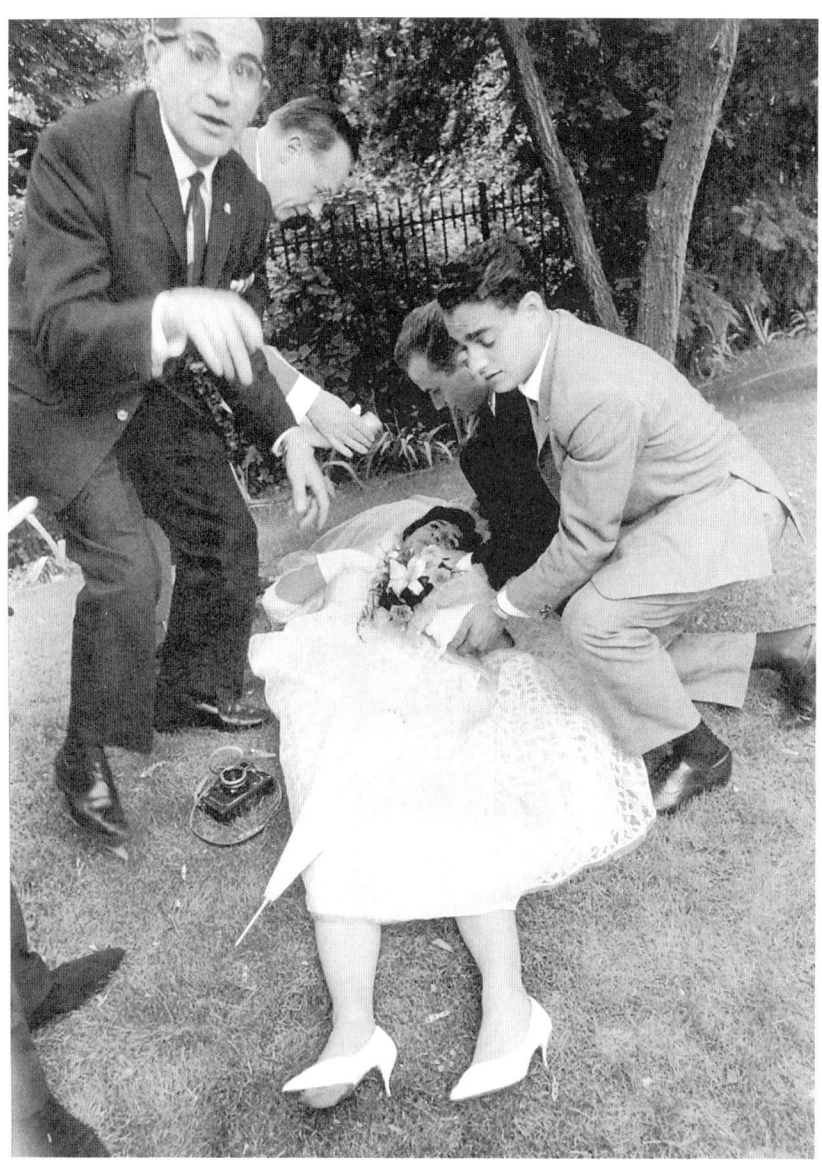

Schnappschuß als Ereignis-Spur (Raymond Depardon).

Wenn man Fotografie als »direkten Abklatsch der Wirklichkeit« bezeichnet, ist damit just eine solche authentische Spur gemeint. Sogar der Begründer der Semiotik, Charles S. Peirce, billigte der Fotografie diese Eigenschaft zu, indem er ihr den Status eines Indexes einräumte (Peirce 1931–35). Ein Index zeigt ein Seiendes an. Deshalb kann man bei den Spurbildern von einer ontologischen Dimension sprechen. Ein Anzeichen ist mehr als ein Zeichen: Rauch weist auf das Vorhandensein von Feuer hin. Ähnlich hinterlassen die von den Objekten reflektierten Lichtstrahlen eine direkte Spur der Gegenstände auf dem lichtempfindlichen Träger. Auch Filmbild und Fernsehbild sind direkte und »automatische« Registrierungen. Im Unterschied dazu hat das generierte, das künstlich erzeugte Bild keine direkte Verbindung zur Sache; es stellt keine Methexis zum Ereignis her.

Vor der Erfindung der Fotografie war es nur begrenzt möglich, Spuren festzuhalten. So gibt es die Methode, durch Gipsabgüsse (Totenmaske) oder mittels Einfärbung (zum Beispiel Fingerabdrücke) die Spur einer Person zu sichern. Die Natur selber hat Abgüsse in Form von Versteinerungen hinterlassen.

Journalistisch gehören zu den Spurbildern Dokumentaraufnahmen und Reportagen. Auch die Live-Übertragungen des Fernsehens sind Spurbilder.

Im persönlichen Alltag und im Leben des einzelnen werden wichtige Ereignisse wie Heirat, Geburt, Konfirmation, runde Geburtstage, Ehrungen, Reisen als Spuren im Familienalbum festgehalten, und mit den Videokameras für den Heimbereich werden solche Fährten immer länger.

Da sich Spurbilder auf ein reales Ereignis in Raum und Zeit beziehen, sollten sie für spätere Betrachter als Index geortet werden können. Zu einer dokumentarischen Aufnahme gehören die Angaben von Zeit und Ort.

Mimetische Funktion: Abbilder

Außer durch Spurbilder läßt sich Wirklichkeit durch Abbilder, durch visuelle Repräsentationen von real Bestehendem festhalten. Dokumentarische Bilder können also durch zwei Verfahren hergestellt werden: durch direkten technischen Abklatsch (registrative Bedeutung) oder durch generative Nachbildung (mimetische Bedeutung). Mit welchen technischen Mitteln – zeichnerischen oder digitalen – Wirklichkeit reproduziert wird, ist gleichgültig; das Kriterium für das mimetische Bild ist einzig der indirekte technische Weg, der Umweg über Hirn und Hand des Bildmachers. Selbstredend ist von der phänomenologischen Form her ein mimetisches Bild wie ein registratives Bild auch imitativ (im Gegensatz zu abstrakt), »ikonisch«, ähnlich. Es ist sogar anzunehmen und bei wissenschaftlichen Zeichnungen im Sinne einer Verdeutlichung intendiert, daß dem Abbild ein höherer Grad von Ähnlichkeit (Similarität, Ikonizität) zukommt als einer entspre-

Realität durch genaue Abbildung auf den Punkt gebracht (Cornelia Hesse).

chenden Fotografie. Abbilder können subsidiär für Spurbilder eingesetzt werden, wenn letztere nicht erhältlich sind oder wenn es, wie in manchen Ländern bei Gerichtsverhandlungen, nicht gestattet ist zu fotografieren. Reiseskizzen vor Ort mögen eine visuelle Erinnerungsstütze sein und unter Umständen eine mit der Landschaft verbundene Stimmung sogar authentischer festhalten als ein technisch registratives Bild. Bei Landschaftsbildern der Malerei ist die mimetische Bedeutung in der Regel sekundär, auch wenn es sich um getreue Nachbildungen handelt (die funktionale Bedeutung ist dann in erster Linie die ontische, siehe S. 79).

Simulative Funktion: Surrogatbilder

Die berühmten eiszeitlichen Malereien in Lascaux oder Altamira sind oft als Jagdmagie verstanden worden. Entsprechende Felsbilder mit realen Einschußlöchern mögen auf einen solchen Analogiezauber hinweisen: Die rituelle »Tötung« des Bildes sollte das Erlegen des Jagdwildes vorwegnehmen (vgl. Jaffé 1968). Eine solche Deutung konnte durch Beobachtungen bei Buschmännern bestätigt werden. Heute allerdings rückt man gemäß Margarita Primas, Ordinaria für Urgeschichte an der Universität Zürich, eher von der Hypothese der Jagdmagie ab. In der Tat läßt sich durch statistische Auszählungen der dargestellten Tiere – Löwen, Höhlenbären, Nashörner – zeigen, daß es sich dabei nicht mehrheitlich um Jagdwild handelt. Gleichwohl wird dadurch die magische Dimension dieser Malerei nicht geschmälert. Das Bild steht für das Wesen.

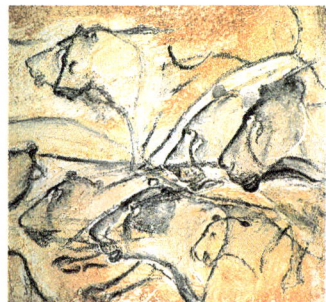

Kultische Bedeutung des Bildes: Eiszeitliche Löwen in der Grotte Chauvet.

Die Standbilder von Herrschern wurden im alten Ägypten über die alten Römer bis zum 20. Jahrhundert und den Lenin-Konterfeis häufig im Sinne von stellvertretender Macht aufgestellt. Je nach den sich wandelnden Machtverhältnissen wurden sie zu Fall gebracht. Eine gemilderte Form des Denkmalsturzes findet sich bei der Verstümmelung von Wahlplakaten.

Solche Vorgänge zeigen, wie mächtig die Bildmagie in den tieferen Schichten des Bewußtseins fortwirkt. Darauf verläßt sich auch die Werbung, die mit hyperrealistischen Fotos die Abbildungen der Produkte als die Produkte selber verkauft. So schmeckt die Pizza auf der Tiefkühlpackung dem Auge besser als der Inhalt der Packung dem Gaumen.

Werbung macht auch dem Konsumenten von Medien weis, er nähme direkt an den Ereignissen teil. So zum Beispiel die Werbespots von ARD, ZDF und die Inserate der Sony-, Grundig- und *Blick*-Werbung, die den direkten Durchblick zum Ereignis suggerieren.

Magische Kommunikation: Bild = Wesen. G. M. Schegall, Führer, Lehrer, Freund.

Magische Kommunikation: Bild = Ereignis. Werbung Blick *(Advico Young & Rubicam).*

Als magische Kommunikation – TV-Bild gleich Wirklichkeit – ist die naive Form des Fernsehkonsums anzusprechen. Diese magische Komponente wird mit zunehmender Aufgeklärtheit der Medienkonsumenten nicht überwunden. Untergründig wirkt sie weiter, und auch der medienpädagogisch gebildete Zuschauer fällt immer wieder in diese Dimension zurück.

Schließlich ist auf die »aufgeklärte« Variante der magischen Bilddimension (Bild als Wesen) in Form von Simulationseinrichtungen hinzuweisen: Virtual Reality wird auch für die Ausbildung in verschiedenen Berufen eingesetzt (vgl. S. 36). Wirklichkeitssimulationen ließen sich auch vermehrt als »Nachhilfestunden« für mangelndes Vorstellungsvermögen einsetzen: Mit antizipierbaren Szenarien der Zukunft könnte man aus Fehlern lernen, bevor man sie begangen hat (vgl. Doelker 1989, 25–27).

Explikative Funktion: Schaubilder

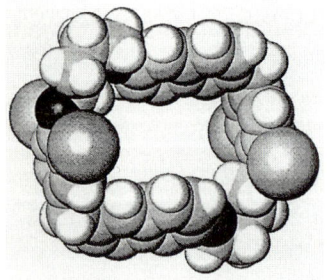

Schaubild: Kristallographisch ermittelte räumliche Struktur eines Moleküls (Cyclophan).

Im Kommunikationsprozeß des Sagens und des Zeigens werden Wort- und Bildzeichen in verschiedenen Funktionen eingesetzt. Statt zu sagen, wie etwas aussieht (verbale Kodierung), kann ich eine Sache oder ein Ereignis zeigen (visuelle Kodierung), und hierfür verwende ich registrative, mimetische oder simulative Bildzeichen. Doch korreliert das verbale Zeichensystem nicht automatisch mit abstrakten Sachverhalten oder das visuelle Zeichensystem mit genuin sichtbaren Inhalten. So wie man anschaulich sprechen kann, indem man sich auf eine konkrete Vorstellungswelt bezieht, kann man auch abstrakte Inhalte durch Bilder veranschaulichen. Durch die Rekurrierung auf visuelle Zeichen läßt sich ein Sachverhalt einsichtig machen. Die explikative Funktion reicht deshalb von der Verdeutlichung durch das Hervorheben von Merkmalen oder das Weglassen von Nebensächlichkeiten in Abbildern bis hin zu einer gleichnishaften Umsetzung, die eine andere mentale Modalität, nach Arnheim das »anschauliche Denken« affiziert (1977; vgl. auch »Visualisierung«, S. 162).

Diegetische Funktion: Phantasiebilder

War die registrative Funktion eindeutig den dokumentarischen Texten zugeordnet, sollen mit der diegetischen Funktion die fiktionalen Texte angesprochen werden. Der Bezug der Phantasiebilder zur Wirklichkeit ist ungewiß; es mag dafür in der Realität faktische Entsprechungen geben, jedoch ist dieser mögliche Wirklichkeitsbezug kein bindendes Kriterium. Wo Bildinhalte offensichtlich mit Naturgesetzen im Widerspruch stehen oder Dinge außerhalb des Repertoires der Wirklichkeit darstellen, ist der irreale, phantastische Charakter von vornherein einsichtig.

Solche Bilder – vom Comic über den Fotoroman zum Animations- und Spielfilm – wollen erzählen (griechisch *diégesis* = Erzählung) und in der Regel dadurch unterhalten. In der Imagination sind, wie dieser Begriff buchstäblich ausweist (lateinisch *imago* = Bild), Bilder eigentlich zu Hause.

Phantasiebilder: Wuchernde Imagination. Fred Engelbert Knecht, Gänsebahnhof Zürich.

Appellative Funktion: Pushbilder

Bilder eignen sich vorzüglich dazu, etwas auszulösen, weil sie unmittelbar emotional wirken.

Die Bezeichnung »appellative Funktion« leite ich von Karl Bühlers Organonmodell ab, das neben der Appell-Funktion auch die Ausdrucks-Funktion und die Darstellungs-Funktion unterscheidet (vgl. Doelker 1989, 202f.). Die darstellende Funktion könnte als Oberbegriff für die re-

Pushbild: »Das große Artensterben« als Mahnmal – Arche Noah par la négative (Der Spiegel).

gistrative, mimetische und explikative Funktion aufgefaßt werden; auf die Ausdrucksfunktion soll im Unterkapitel »Symptome« (S. 96) eingegangen werden.

Unter Bezugnahme auf das Bühlersche Organonmodell betont Ernst H. Gombrich die besondere Eignung des Bildes für die Appell-Funktion (vgl. Gombrich 1984, 135f.). Als Beispiel für ein appellatives Bild führt er ein pompejanisches Mosaik eines Kettenhundes mit der Inschrift CAVE CANEM – Achtung vor dem Hund – an. Ähnlich eindeutig und wirksam ist das Bild eines Totenkopfes für Gift oder Lebensgefahr. Nach Handlung, zum Beispiel nach einer Spende, rufen Bilder von hungernden Kindern in Afrika oder von Katzen mit in den Kopf eingebohrten Elektroden. Eine Kaufhandlung sollen die Bilder der Werbung auslösen; bezeichnenderweise ist der »Push« ein Begriff aus der Werbesprache. Die appellative Funktion umfaßt die Sorte der intentionalen Texte (vgl. S. 67).

Dekorative Funktion: Zierbilder

Es wird wahrscheinlich nie auszumachen sein, ob die ersten bildnerischen Zeugnisse des Menschen primär eine kultisch-kommunikative oder eine spielerisch-dekorative Funktion ausübten. Nicht nur ungegenständliche Konfigurationen bei den Höhlenmalereien und Einkerbungen in Knochen und Elfenbein geben zu Spekulationen Anlaß, auch Einritzungen bei Töpfereien lassen Vermutungen in beiden Richtungen aufkommen: Sind nun Wellenlinien für Wasserkrüge und aneinandergefügte Ovale für Ölkrüge eine inhaltliche »Etikettierung« oder nur schlichte Verzierungen, die als Vorläufer von Ornamenten gelten dürfen? Letztere Beispiele könnten bis in die Zeit der Schrift weitergesponnen werden, indem aus dem »W« der Anfangsbuchstabe für Wasser und aus dem senkrecht gestellten Oval »O« der Anfangsbuchstabe von Olive gelesen wird. Die rein dekorative Version ist mindestens so plausibel wie jede andere und wird zudem, seit es visuelle Tradierung gibt, immer wieder bestätigt: Überall und zu allen Zeiten wurden Gebrauchsgegenstände verziert, Räume ausgeschmückt und vor allem Körper verschönert (hier dürfte man mit Fug statt der lateinischen Bezeichnung »dekorative« Funktion die griechische »kosmetische« Funktion verwenden). Schmuck – vom Körperschmuck zum Wandschmuck –, schmückende Elemente, Verzierungen jeder Art, Ornamente von den einfachsten bis zu den üppigsten gehören zur Erscheinungsweise visueller Formen.

Teil II Bedeutungsebenen

Personen schmücken Buchstaben (Missale Sakramentar, 12. Jahrhundert), rechts, und Buchstaben (gestickte Koranverse) schmücken Person (Claudia Schiffer mit Chanel-Kleid), links.

Und wenn sich schließlich der Zapper aus den verschiedenen Kanälen selber eine elektronische Girlande zusammenschnipselt, macht er letztlich nichts anderes, als ein flüchtiges Ornament auszubreiten. Auch von der Macherseite her sind vielfach Bildschnipsel sowohl in den Print- wie in den elektronischen Medien kaum anders als in dekorativer Funktion ausgestreut.

Phatische Funktion: Füllbilder

Die phatische Funktion der Kommunikation bezweckt und erschöpft sich darin, Verbindung herzustellen. So signalisiert man bei einem Telefongespräch durch Räuspern oder Füllwörter, daß die Verbindung nicht abgebrochen ist, obwohl man gerade nicht spricht. Die gleiche phatische Funktion erfüllt die eingespielte Musik, wenn man auf eine Verbindung warten muß. Beim Fernsehen ist die phatische Funktion zum System ausgebaut. Alle formalen Elemente, die der Kennzeichnung des Kanals dienen, wie Signet, Studiodekor, institutionalisierte Gesichter der Sprecher, sind phatische Bilder.

Sender-Logos – hier Wolken-Signet von Fernsehen DRS – signalisieren Verbindung pur.

Phatische Bilder oder Füllbilder beim Fernsehen betreffen nicht nur den Kommunikationsrahmen, sondern auch Inhalte. Bei einer verbalen Nachricht stellt sich oft das Problem, daß keine Spurbilder vorliegen, die das Geschehen dokumentieren. Man behilft sich dann mit Schaubildern, etwa Karten oder Schemata oder den betreffenden Sachverhalt illustrierenden Realbildern. Daß auch Archivbilder zur Illustration von aktuellen Ereignissen eingesetzt werden und dadurch scheinbar und fälschlicherweise den Status von Spurbildern einnehmen, wird in Kapitel 15, »Gesamttexte lesen«, behandelt (S. 156). Lediglich um die Verbindung zum Zuschauer aufrechtzuerhalten, wird der Bildkanal – weil man im Fern*sehen* schließlich etwas sehen muß – mit Bildschnipseln aufgefüllt, die zwar inhaltlich vage mit dem angesprochenen Thema, nicht aber mit dem zugrundeliegenden Ereignis verbunden sind (vgl. auch »Falsche Realitätssignale«, S. 23).

Ontische Funktion: Clipbilder

Von der registrativen bis zur phatischen Funktion handelt es sich um Kommunikationsfunktionen. Abseits davon steht die simulative Funktion, da mit Surrogatbildern eine Ersatzwirklichkeit geschaffen wird. Das Interesse gilt dann nicht dem Bild, sondern der Wirklichkeit. Es gibt noch eine weitere Funktion, die nicht primär einem kommunikativen Zweck dient. Ziel ist im Gegenteil die Zwecklosigkeit. Oder das Bild findet seinen Zweck in sich selbst: beim Bild als Kunst. In dieser rein ästhetischen Dimension ist das Bild seine eigene Wirklichkeit, ist autonom und grenzt sich von der übrigen Wirklichkeit ab. Das Kennzeichen hierfür ist der Bildrahmen. Ein Bild wird sozusagen aus einem anderen Kontext herausgeschnitten (zum Beispiel aus einer Zeitschrift, und an die Wand geheftet): Ich nenne deshalb das Bild mit ästhetischem Eigenwert ein »Clipbild«. Und weil ein Clipbild lediglich ist und nicht primär etwas bezweckt, bezeichne ich diese Funktion als »ontisch«: seiend als Selbstzweck. Ein Bild ist.

Die ontische Bedeutung muß nicht von Anfang an intendiert sein. Als Giotto seine Fresken malte, wollte er mit Bildern eine Geschichte erzählen, und zwar die heilige Geschichte. Für ihn waren diese Bilder Schaubilder, die eine bekannte Bedeutung transportieren sollten. Dabei hat Giotto trotz bindender Konventionen eine neue Art der Darstellung entwickelt, die formal die Renaissance ankündigt. Wenn wir heute als Touristen in der Scrovegni-Kapelle in Padua stehen, lassen wir uns zwar vom kundigen Führer diese Fresken erklären, aber uns interessiert weniger ihre explikative oder diegetische Bedeutung als die gestalterische Innovation und Eigenart,

Bildwirklichkeit als ästhetisches Ereignis. Nam June Paik, Tribute to Charlotte.

durch die Giotto hervortrat. Diese ästhetische Dimension hat sich für uns moderne Betrachter verselbständigt, ist zu einem Eigenwert geworden.

Auch andere Bilder, deren Funktion anfänglich nicht als ontisch intendiert wurde, betrachten wir heute mit einem anderen, ästhetischen Blick. So kippen Fotografien in Kunstwerke um – die ursprüngliche registrative Funktion wird zur ontischen: »Je größer die zeitliche Distanz der Rezeption einer Fotografie vom Zeitpunkt ihrer Aufnahme ist, um so mehr geht sie der Bedeutung verlustig, um derentwillen sie ursprünglich hergestellt wurde. Man vergißt die Funktion, die ein Bild erfüllt hat, und beachtet nur noch Fotografien, deren Form hinreichend ausgestaltet ist, um neue Bedeutungen aufzunehmen« (Girardin 1993).

Völlig aus dem ursprünglichen Bezug herausgelöst ist das Bildmaterial in den Musikvideos oder Videoclips. Das »stop making sense« wird bei einem solchen Bildmix wörtlich befolgt, es sei denn, daß semantische Angleichungen an den Worttext des entsprechenden Hits gemacht werden. Sie sind aber meistens mit dem Rhythmus der Musik so unmittelbar verbunden, daß sie von der ästhetischen Ordnung der Töne vereinnahmt werden. In einer solchen ästhetischen Komposition eines vielsträngigen Textes spielt eine kognitive Verarbeitung keine oder nur eine geringe Rolle; worauf es ankommt, ist die ästhetische Wirkung.

Die ontische Funktion kann von Anfang an willentlich gewählt werden. Die Absicht allein, Kunst zu schaffen, bietet allerdings noch keine Gewähr für ein entsprechendes Gelingen. Mögliche Kriterien von Literarität werden unter »Bildbeurteilung« (S. 151) vorgeschlagen.

Energetische Funktion: Wirkbilder

In Ergänzung und gleichzeitig Abgrenzung gegenüber der appellativen Funktion, die ein Verhalten oder eine Handlung auslösen soll, ist die energetische Funktion zu beschreiben. Zweck des energetischen Bildes ist es, eine ständige Wirkung auszuüben. Je nach Standpunkt und Interessenlage von Kommunikator oder Rezipient mag diese Wirkung eine positive oder eine negative sein.

Auf eine positive energetische Funktion hin angelegt sind Yantras (geometrische, symbolische Formen) und eigens hergestellte abstrakte Farbkompositionen. Ihre Anwendung liegt im religiösen und therapeutischen Bereich. Beim aufmerksamen Betrachter bewirken sie zum Beispiel Aktivierung und Harmonisierung von psychischen und physischen Potentialen.

Über die energetische Funktion erweist sich ein Bild sozusagen als eigenständiges Bildwesen, das auf die Betrachtenden Macht ausübt.

Therapeutisches Yantra zur Entwicklung von Kreativität (Margrit M. Belser).

Die Wirkung eines Bildes kann so intensiv ausfallen, daß es im Extremfall Aggressionen auslöst, die gegen es selber gerichtet werden. So lassen sich auch gewisse Bildattentate erklären (vgl. Isler 1988). Einen eigentlichen Vernichtungsfeldzug gegen die sogenannte »entartete Kunst« führte das Nazi-Regime vor dem Zweiten Weltkrieg.

Bildgeschichtlich dürften die ersten vor allem auf Wirkung angelegten Bilder die Totems sein. Ihre primäre Funktion ist es, Feinde und böse Geister abzuschrecken. Ähnliche Fratzen-Bilder lassen sich heute in der Anarcho- und Hausbesetzerszene feststellen: Sie sollen ungewollte Besucher fernhalten. Biologisch haben solche Totembilder ihre Vorläufer in abschreckenden Tarnmustern, beispielsweise in der Simulation von Augen auf Schmetterlingsflügeln.

Negative Wirkungen von Gewalt- und Brutalo-Bildern werden im Zusammenhang mit Jugendschutz bedacht. Allerdings soll die hier eröffnete Kategorie von Wirkbildern nur Bilder umfassen, die fast ausschließlich auf eine dauernde Wirkung ausgelegt sind und nicht in der Problemstellung der Bildwirkung schlechthin aufgehen (vgl. »Bildbewältigung«, S. 153).

Sri Yantra: tantrisches Symbol für kosmische Einheit als Energiequelle.

5
Spontane Bedeutung

Die Bezeichnung »spontane Bedeutung« übernehme ich vom Begriff der »spontanen Kommunikation«, wie ihn Ross Buck (1984) als genauere Alternative zum Ausdruck »nonverbale Kommunikation« vorgeschlagen hat. Gemeint sind Signale, die der Entwicklung der verbalen Sprache vorausgingen.

Phylogenetische Signale

Was über die phylogenetisch bedingten Reize der primären Umwelt gesagt wurde (vgl. »Sehen und Bedeutung«, S. 40), gilt mit anderen Vorzeichen auch für die Wahrnehmung der medialen Darbietung. Wie in der Natur unrhythmische Bewegungen und rasche Veränderungen Beute oder Gefahr signalisieren und so die Aufmerksamkeit von Jägern auf sich ziehen, so binden Hektik durch rasche Schnitte, Action, Kamerabewegungen und Zooms die Aufmerksamkeit der Zuschauer an den Bildschirm. Sie dienen dazu, ihn bei einem bestimmten Programm zu halten respektive ihn beim Zappen zum laufenden Programm hinüberzuziehen (vgl. Sturm 1991).

Das Grundbedürfnis nach Sicherheit (biologischer Imperativ der Selbsterhaltung) kann inhaltlich durch bestimmte Themen angesprochen werden. Diesem Bedürfnis trägt eine medizinische Ratgebersendung relativ direkt Rechnung; indirekt erfüllt jedoch jede Tagesschau diese Funktion, indem sie dem Zuschauer allabendlich bestätigt, daß für ihn keine unmittelbare Bedrohung besteht (vgl. Doelker 1989, 102). Als ebenso attraktiv erweist sich die Thematisierung von Sexualität (biologischer Imperativ der Arterhaltung). Entsprechend werden bei visuellen Übersichten der Sendungen in Programmheften jene Bildschirmausschnitte zuerst beachtet, in denen nackte Haut zu sehen ist.

Messungen von Einschaltungen ergaben, daß während einer Einschubsequenz von Playmates in einer sonst nüchternen Informationssendung die

5 Spontane Bedeutung ■ 85

Blickfang mit »FKK«. Werbung für Das Magazin (Tages-Anzeiger).

Quote sprunghaft anstieg – offensichtlich, weil die Zapper »spontan« optisch zuschlugen. Während sich private Fernsehstationen schon von Anfang an einen großen Zuschaueranteil durch explizite Behandlung von Themen aus dem Bereich Lebensbedrohung und Sexualität sicherten, fällt auf, daß auch die öffentlich-rechtlichen Anstalten diesbezüglich nachgezogen haben, zum Beispiel seit, wie im Schweizer Fernsehen DRS, in den Mandaten von Programmverantwortlichen die Einhaltung eines vorgeschriebenen Marktanteils verlangt wird.

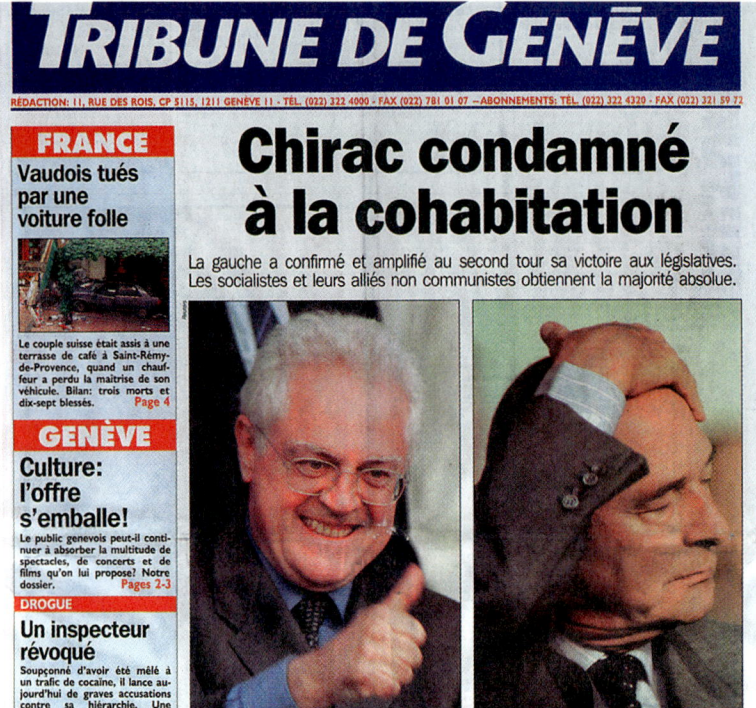

Elementare Sprache: mimischer und gestischer Ausdruck. Titelseite Tribune de Genève *nach den vorgezogenen Wahlen in Frankreich 1997.*

Signale der Körpersprache

Nach Desmond Morris (1994) verfügt der Mensch über rund dreitausend Gesten mit Händen und Fingern. Dazu kommt ein schier unbegrenztes mimisches Ausdrucksvermögen. Die früher erwähnten Signale der sozialen Kommunikation werden durch die Übernahme in die mediale Wirklichkeit in ihrer Bedeutsamkeit angehoben. Durch entsprechende Kameraführung, durch Großaufnahme, Zooms und andere Effekte können gestische und mimische Einzelheiten betont werden.

Gesichter mit ihrem Mienenspiel wecken unser Interesse. Vor allem weil die Mimik biologisch viel älter ist als die artikulierte Sprache, reagieren wir auf solche Medienreize, mustern den Aushang am Kiosk nach bekannten Gesichtern, bleiben wir an den Grimassen einer Talk-Show hängen, auch wenn der Inhalt des Gesprächs nichtssagend ist.

So spontan und individuell Gestik und Mimik sein mögen, es gibt auch hier Muster mit konstanten Bedeutungen. Der Verhaltensforscher Desmond Morris geht in seinem Buch *Das Tier Mensch* (1994) solchen generellen kinesischen Signalen in verschiedenen Kulturen nach.

6
Feste Bedeutung

Bei der Körpersprache kann man gewisse über Generationen hin tradierte Konventionen ausmachen, die innerhalb einer bestimmten Kultur Gültigkeit haben. Im Zuge der Globalisierung von Kommunikation ist zudem ein vermehrtes Bedürfnis nach einer verläßlichen Bildsprache entstanden. Die naturgemäße Offenheit der Bildbedeutung wird bewußt auf eine bestimmte, eben »feste« Bedeutung eingeschränkt.

Piktogramme, *Icons*

Dies ist der Fall bei Piktogrammen und Symbolen wie Kreuz, Hufeisen usw. Die globale Dimension der Computernetze legt ebenfalls nahe, in möglichst großem Umfang Bildsymbole, *icons*, zu verwenden. Je nach Grad der Motiviertheit und auf Grund des systemischen Umfelds von anderen Bildzeichen sind solche Symbole mehr oder weniger unmittelbar verständlich. Gänzlich unmotivierte Bildzeichen wie z. B. »Einfahrt verboten« müssen indessen gelernt werden wie Wörter einer Fremdsprache.

Verkehrszeichen, ungewohnt, aber verständlich (Spick).

Weltsprache der Computer-Icons (links Macintosh, rechts Windows).

Allegorien, Embleme, Logos

Es gibt auch figürliche Darstellungen, die durch ständigen Gebrauch zu festen Bedeutungen geronnen sind; zum Beispiel die Allegorie, die sowohl in der bildenden Kunst als auch in der Literatur bis zum 18. Jahrhundert eine wichtige Rolle spielte. Das »Anderssagen« – so der Sinn des Wortes im Griechischen – bedeutet eine bildliche Umsetzung in meistens konventionalisierte Symbole. In der Regel handelt es sich dabei um Personifizierungen; eine Frauengestalt mit verbundenen Augen, einer Waage und einem Schwert bedeutet Gerechtigkeit. Tugenden und Sünden, Jahreszeiten, Tag und Nacht, die Sinne, Charaktereigenschaften und manche Gegebenheiten des Lebens und Alltags werden bildlich verschlüsselt dargestellt.

Bedeutungen sind auch in Form von Attributen erkennbar, beispielsweise die Eule der Athene oder der Drache des heiligen Georg.

Mit Logos vergleichbar sind Wappenzeichen und Embleme. Ob sich nun ein Markenartikel ein Logo-Tier pachtet oder sich ein Geschlecht ein Wappentier zulegt – eine uralte Totem-Tradition findet ihre Fortsetzung. Der Schluß liegt nahe, solche Zuordnungen mit prähistorischen Kulttieren in Zusammenhang zu bringen.

Verschlüsselung

Die Giraffe ist nur richtig lesbar, wenn man Camel kennt (McCann-Erickson).

Eine feste Bedeutung kann natürlich statt von einer kulturellen Gemeinschaft auch von und in einem geschlossenen Kreis festgesetzt werden. In diesem Fall handelt es sich um eine hermetische Bedeutung, die bewußt gegenüber Außenseitern verschlüsselt bleiben soll. Die sogenannten Gaunerzinken gehören zu solchen hermetischen Zeichen: eine Art Guide-Michelin einer mobilen Subkultur. In der heutigen Zeit damit vergleichbar sind die an Hausmauern gesprayten »Tags« aus der Graffiti-Kultur von Großstädten.

Konventionalisierte Darstellungsformen

Nicht nur prägnante Zeichenformen sind es, die mit einer festen Bedeutung gekoppelt werden, sondern auch Darstellungsweisen. Wer sie nicht gelernt hat, kann sie nicht adäquat lesen. Am einfachsten läßt sich dies mit der Comic-Sprache belegen. So würde man zeichnerisch dargestellte Bewegung nicht verstehen, wenn man die entsprechend konventionalisierten grafischen Elemente nicht kennt.

Tags: Markierungen von Kryptogesellschaften.

Bewegung darstellen im unbewegten Bild (Scott McCloud).

Um einer Filmhandlung adäquat folgen zu können, muß man sich mit der Bedeutung von Gestaltungselementen wie subjektive Kamera, Parallelschnitt, Rückblende vertraut gemacht haben.

Daß selbst einfache Darstellungen oft nur dank Konventionalisierung verständlich sind, läßt sich am besten bei einer extremen Lesesituation nachvollziehen. So ist es äußerst fraglich, ob ein Außerirdischer die Pioneer-10-Plakette, die visuelle Visitenkarte der Erdier, richtig lesen würde: Sowohl die Umrisse als auch die anatomischen Modellierungen der Körper sind durch Linien dargestellt. ET und seinen Schwestern wäre nicht zu verargen, wenn sie, wie Ernst H. Gombrich spöttelt, »diese Figuren irrtümlich als Drahtkonstruktionen ansehen, mit dazwischen schwerelos herumschwebendem Kleinkram« (1984, 148).

Dafür, daß auch hierzulande konventionalisierte Darstellungen nicht überall verstanden werden, zeugen empörte Leserbriefe zum Titelbild einer Familienzeitschrift: Das junge Musikgenie mit auf Einstein verweisender herausgestreckter Zunge wurde als Verhöhnung des Weihnachtsfestes aufgefaßt: »Was sich die Verantwortlichen für das Weihnachts-Titelblatt einfallen liessen, finde ich mehr als geschmacklos. Was soll der seine Zunge herausstreckende Junge?« E.H. in A. (*Schweizer Familie*, Nr. 3/1997).

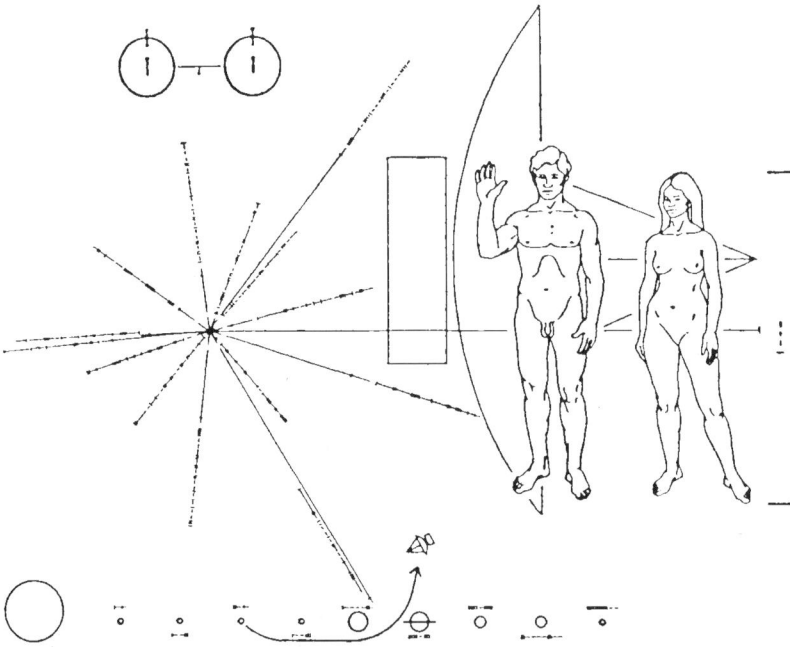

Visuelle Visitenkarte der Erdierinnen und Erdier: Für außerirdische Finder genügend verständlich?

Einstein-Zunge als Markenzeichen für Intelligenz.

Die vom bekannten Einstein-Poster abgeleitete semantische Verkoppelung von herausgestreckter Zunge und Intelligenz wurde also trotz vorausgehender Anwendungen zum Beispiel in *Focus* oder *Beobachter* nicht adäquat gelesen – die spontane durch Mimik transportierte Bedeutung hat sich als stärker erwiesen als eine feste Kodierung.

Schriftzeichen

Schließlich darf hier der Hinweis nicht fehlen, daß die verbreitetsten konventionalisierten Zeichen die Schriftzeichen sind.

Schriftzeichen sind nur für denjenigen verständlich, der sie gelernt hat. Originallegende Stern: »Du hättest in der Boutique fragen sollen, was eigentlich auf dem T-Shirt steht!«

7 Latente Bedeutung

In einer pragmatischen Kommunikationssituation wird man nicht nach latenten Bedeutungen suchen: Der Zeichenaustausch ist auf Verständlichkeit hin angelegt. Sobald man indessen Wörter oder Bilder verwendet, die nicht im Hinblick auf nüchterne Verständigung ausgewählt sind, erhalten die verwendeten Zeichen eine Art semantischen Hof; sie besitzen den Halo von symbolischen Bedeutungen.

Symbole

Werner Urfer, Äpfel.

7 Latente Bedeutung

Archetypische Zeichen: Mensch, Haus, Weg, Baum, Horizont. Alex Sadkowsky, Gelbe Straße.

Ein Wort und vor allem ein Bild wie Apfel kann außer sich selber, eben Apfel, auch bedeuten: Obst, Apfelsaft, gesunde Ernährung, vegetarische Ernährung, Schlanksein, natürliches Leben, einfaches Leben, Sinnengenuß, Sinnlichkeit, Fülle, Welt, Sünde, Sündenfall, Erkenntnis und vieles andere mehr (dies schließt nicht aus, daß ein speziell stilisierter Apfel als Zeichen mit fester Bedeutung für eine Computerfirma stehen kann).

Solche Bedeutungen umfassen eine Art semantisches Kraftfeld. Das Bild eines Feuers kann nur Bedeutungen haben, die letztlich mit Wärme und Hitze zusammenhängen, ob es sich um ein Lagerfeuer, eine Heizung, Brandstiftung, brennenden Durst, erhitzte Gemüter, warme Umsorgung oder heiße Küsse handelt. Es gibt also eine bestimmte gemeinsame Qualität, die überhaupt gestattet, ein semantisches Feld herzustellen. Dieses Verbindende ist das sogenannte *tertium comparationis,* das dritte Element eines Vergleichs.

Strukturen

Strukturen lassen sich in Oppositionen ausdrücken: »oben« und »unten«, »hoch« und »tief«, »groß« und »klein«, »nahe« und »fern«, »senkrecht« und

Absteigende Linie (Edvard Munch, Verzweiflung) *und aufsteigende Linie (S. Rjangina,* Höher und höher) *als Beispiele für räumliche Strukturen.*

7 Latente Bedeutung   95

Elemente fotografischer Wirklichkeit als Sinnstrukturen.
Links: Treppenstufen stehen für Anschlüsse im Bildungswesen (NZZ, 22.8.1996),
rechts: Licht und Schatten für politische Gegensätze (TA, 10.2.1997).

»waagerecht«, »stehen« und »fließen«, »ruhig« und »bewegt«, »hell« und »dunkel« usw. (vgl. Spoerri 1951). Solche Strukturen sind bereits aus der primären Wirklichkeit bekannt (vgl. »Zeichenhaftigkeit *in natura*«, S. 45).

Die Kunst der Inszenierung vor der Kamera bezieht ihr Instrumentarium zu einem großen Teil aus solchen strukturellen Möglichkeiten. Auch die »Bedeutungen« von Kameraeinstellungen und Kamerabewegungen lassen sich von räumlichen Strukturen ableiten und sollten bei der Arbeit mit der Kamera als latente Bedeutung mitgedacht werden. So stellt ein Schwenk die Verbindung zwischen zwei Objekten her, Untersicht läßt zu einem Gegenstand oder einer Person hinaufblicken, Obersicht hinabblicken, mit einer Kamerafahrt will man Näheres »erfahren«, ein Zoom fokussiert einen Gegenstand, löst ihn aus seinem Zusammenhang heraus, ein Rückzoom (»mooz«) stellt ihn in sein inhaltliches Umfeld, Nähe und Ferne lassen sich mit den entsprechenden Einstellungsgrößen und Brennweiten ausdrücken (vgl. auch Bild-»Flexion«, S. 109).

Es ist also vor allem die Sprache des Raums, der räumlichen Distanzen, Ordnungen, Verbindungen, die auf solchen strukturalen Elementen basiert. Durch die Arbeit mit der Kamera können noch zusätzlich zu den in der vorgefundenen oder arrangierten Wirklichkeit bestehenden strukturalen Bedeutungen weitere hinzugefügt werden.

Symptome

Bei dieser Dimension von latenter Bedeutung beziehe ich mich auf ein Kommunikationsmodell, das den Aspekt des Symptoms oder Ausdrucks herausgearbeitet hat: Es handelt sich um das bereits erwähnte Organon-Modell von Karl Bühler, in welchem er von einer triadischen Beziehung des sprachlichen Zeichens ausgeht. In diesem Modell steht das sprachliche Zeichen in »drei weitgehend unabhängig variablen Sinnbezügen« – wir würden diese heute Kommunikationsfunktionen nennen: Ausdruck (Symptom), Appell und Darstellung. Dazu ein Beispiel: Das sprachliche Zeichen »Bier« kann ich in den besagten drei Funktionen – jeweils mit entsprechend verschiedener Lautstärke und Intonation – verwenden:

»Ein Bier«	Bei der Abrechnung im Restaurant	Darstellung
»Ein Bier!«	Bestellung beim Servicepersonal	Appell
»Ein Bier ...«	Äußerung als Kundgabe von Durst oder Genuß	Ausdruck

»Ausdruck (Symptom)« ist eine Information über die innere Befindlichkeit des Senders und »Appell« eine Aufforderung an den Empfänger (vgl. Bühler 1934).

Die Ausdrucksfunktion des Bildes läßt sich vornehmlich an zwei Arten von Signifikanten ablesen: Erstens an der spontanen Bedeutung, da Gesichtsausdruck und Gestik aufschlußreiche nonverbale Hinweise geben können. Zum Beispiel erkennen wir bei einem Statement, ob der betreffende Experte oder Moderator wirklich das denkt, was er sagt, oder man merkt aus der Art der Zuwendung eines Diskussionsleiters oder Journalisten, wem seine Sympathien gelten und wie deshalb seine Aussage eingeordnet werden muß.

Zweitens läßt sich ein Bild auf Sendersymptome, die auf die Institution hinweisen, lesen. Dabei sind beim Fernsehen die Elemente des Erscheinungsbildes – Sprecher, Studiodekor, Signet des Senders und der einzelnen Sendungen – besonders aufschlußreich (vgl. Doelker 1994, 216–220). Wenn man beispielsweise die Tagesschau von ARD und Schweizer Fernsehen DRS vergleicht, wird man die Einstellungsgröße des Sprechers als Symptom für Eigeneinschätzung interpretieren können.

Der Sprecher/die Sprecherin in der ARD-Tagesschau erscheint in einer Halbtotalen neben dem im linken Teil des Bildschirms abgebildeten Ereignis: Der Sprecher ist also Nebensache (vgl. S. 65). Bei SF DRS tritt er in Großaufnahme, Gesicht bildschirmfüllend, oder vor dem Hintergrund eines im Studiodekor angedeuteten Strahlenkranzes auf (siehe Abbildungen rechts): Er ist Haupt-Sache geworden.

Elektronische Verkünder mit Dekor-Gloriole im SF DRS.

8
Deklarierte Bedeutung

Außer durch Konventionalisierung läßt sich die offene Bedeutung eines Bildes durch gleichzeitig mitgelieferte Präzisierungen in einem anderen, eindeutigen Kode einschränken. In der Regel sagt ein Künstler aber nicht auf einer semantischen Parallelspur, was er mit einem Bild ausdrücken will. Nicht umsonst benutzt er den visuellen Kode für die Artikulation seiner Botschaft (vgl. »Artikulierte Bedeutung«, S. 101). Zweimal dasselbe sagen ist reiz- und witzlos, denn für den Bildmacher ist die Bedeutung seines Bildes nicht unbestimmt; er kodiert es in dem von ihm intendierten Sinn. Die grundsätzlich offene Bedeutung des Kodes Bild wird für ihn allein durch seine Vorstellung hinreichend eingeschränkt. Ein Künstler, der seinen Zu-

Vincent Van Gogh, Schlafzimmer in Arles: *Ausdruck für »ungestörte Ruhe«.*

schauern erklären muß, was er sagen wollte, würde geradezu eingestehen, daß ihm das Bild nicht gelungen sei.

Nur wenn er über sein Bild zu Dritten sprechen muß, die sein Bild aus äußeren Umständen nicht sehen können, liefert er legitimerweise eine Erklärung der Bedeutung. Ernst H. Gombrich (1984, 156) erwähnt Van Gogh, der sich in drei verschiedenen Briefen über ein Bild *(Schlafzimmer in Arles)* geäußert hat. Er wollte mit diesem Bild »absolute Ruhe«, »ungestörte Ruhe« ausdrücken, »Ruhe und Schlaf« suggerieren.

Titel

Bleiben wir noch einen Moment in der bildenden Kunst. Meistens liefert der Künstler einen semantischen Schlüssel zu seinem Bild durch die Titelgebung. So erfährt man beispielsweise, daß ein bestimmtes Bildnis einer Frau nicht Maria, sondern Dido, die Geliebte von Äneas, darstellen soll. Der Titel mag aber unter Umständen die Bedeutung bewußt offen lassen, etwa mit einem unbestimmten Vermerk wie *Installation 4* oder *Ohne Titel*.

Anna Vögtli, Ewigkeitsweg: *Titel als unverzichtbarer Teil des Bildes.*

Künstler wie Paul Klee und René Magritte lieben es, einen Titel zu benutzen, um die semantische Ungewißheit weiter zu öffnen. Andere empfinden im Gegenteil das Bedürfnis, die intuitiv vermittelte Botschaft im nachhinein durch eine verbale Erklärung zu verdeutlichen.

Legende, *Organizer*

Die Legende ist die Angabe, die die offene Bedeutung eines einzelnen Bildes auf eine intendierte Bedeutung einschränkt. Es handelt sich um eine verbale Instruktion, die sagt, in welchem Sinne das Bild gelesen werden muß (lateinisch *legenda* = [wie] zu lesen ist).

Im audiovisuellen Text übernimmt der Kommentar als sogenannter »Organizer« die Legendenfunktion (vgl. Hamm 1985). Der gesprochene (oder eingeblendete) Worttext erläutert, wie das Bild wahrgenommen, gelesen werden muß. Es handelt sich also um einen Text über einen Text, einen sogenannten Metatext (vgl. Doelker 1989, 201–210). Eine einschränkende Interpretation des Bildtextes kann auch durch Musik erfolgen, die eine zeit- oder stimmungsmäßige Situierung des Bildes vornimmt, als eine Art auditiver nonverbaler Kommentar.

Die Bezeichnung »deklarierte Bedeutung« ist nicht deckungsgleich mit »intendierter Bedeutung«. Es ist denkbar, daß ein Autor über die Deklarierung der Bildbedeutung hinaus kraft der Polysemie des Bildes eine weiterreichende Aussage machen will; er verläßt sich dabei in erster Linie auf die bildtextlich artikulierte Bedeutung.

Ohne einen begleitenden verbalen Text von BASF über Recycling wäre der visuelle Text unverständlich.

9
Artikulierte Bedeutung

Wenn ich von artikulierter Bedeutung spreche, wende ich mich einer Beschreibung von Bildsprache zu, die metaphorisch vorgeht, also nach Analogien zwischen der verbalsprachlichen Theorie und der visuellen Sprache fragt. Daß diese Annäherung verwirrend sein kann, wurde früher dargelegt (vgl. »Voreiliger Sprachbegriff«, S. 21). Der direkte analytische Zugriff auf das Bild (Kapitel 4–8) war notwendig, weil optische Information und Wahrnehmung biologisch und technisch anders verstanden werden müssen als der Umgang mit Wortsprache.

Sicher ist es auch ergiebig, Bildaufbau und Bildgestaltung ebenfalls bildspezifisch, also direkt auf die Phänomenologie des Bildes bezogen, zu behandeln. Solche Lehrgänge sind aus den Schulen für Gestaltung und Akademien für bildende Kunst hervorgegangen und leisten hervorragende Dienste. Es ist indessen bezeichnend, daß verschiedene solche Gestaltungslehren gleichzeitig existieren und es schwierig wäre, eine auf Kosten der anderen zu generalisieren. Ich möchte deshalb einige Theorien nebeneinanderstellen und zeigen, wie komplex sich dieses bildbeschreibende und bildanalytische Vorgehen ausnimmt und wie schwer es in eine allgemeine und auf die gesamte visuelle Information übertragbare Fassung zu bringen ist.

Zuerst erwähne ich die beiden Bände *Bildsprache* von Günther Kerner und Rolf Duroy (Bd 1: 1977; Bd 2: 1981), die im wesentlichen die bildnerische Grundlehre des Bauhauses didaktisch weiterentwickeln und mit Seitenblicken auf die Semiotik systematisieren. Vier weitere Lehrbücher, die sich das didaktische Ziel setzen, eine zusammenhängende Bildlehre vorzulegen, sind: Erich Huber, *Visuelle Bildung 1: Körper und Raum* (1973); *Visuelle Bildung 2: Bild und Komposition* (1976); Boris H. Kleint, *Bildlehre: Der sehende Mensch* (1980); Christopher Frayling, Helen Frayling und Ron van der Meer, *Das Kunst-Paket* (1993); und Hugo Peters, *Bildnerische Grundlehre* (1994).

Ein Vergleich ergibt, daß sich die Darstellungen methodisch und inhaltlich stark unterscheiden. Zwar sind Begriffe teilweise identisch, aber sie nehmen innerhalb der Gesamtstruktur verschiedene Stellenwerte ein und werden schließlich in voneinander abweichender Bedeutung verwendet. Es läßt sich keine vereinheitlichende Folie über die verschiedenen Ausführungen legen; gemeinsame Elemente für eine konsistente Theorie lassen sich nicht gewinnen. Inkonsistenz findet sich teilweise auch innerhalb der einzelnen Entwürfe. In der unten angeführten Synopse sind nur die bildkonstituierenden Elemente und Prinzipien, nicht die wahrnehmungspsychologischen Darlegungen angeführt. Bei den Strategien des Sehens gibt es aber ebenfalls markante Unterschiede.

Kerner / Duroy	Huber	Kleint	Frayling/ van der Meer	Peters
Zeichenbereich Form	Die Bilddimensionen	Stoff	Perspektive	Struktur
Zeichenbereich Helligkeit	Die Projektion	Form	Licht	Gliederung
Zeichenbereich Farbe	Die Aussage	Ordnung	Farbe	Gestaltung
Zeichenbereich Material	Die Komposition	Gestaltung	Bewegung	Die Linie
Zeichenbereich Bewegung		Umwelt	Proportion	Der expressive Gestus
Zeichenbeziehungen			Komposition	Linienverdichtung
			Form	Der Fleck
				Über Farbe
				Das Bild des Objekts

Alle fünf Übersichten sind bildspezifisch angelegt und tragen so zum Verständnis der visuellen Gestaltung bei. Für die Verfeinerung der Bildanalyse in Einzelbereichen ist die Verschiedenheit der Ansätze wünschbar und aufschlußreich.

Im Hinblick auf Allgemeingültigkeit ist zu fragen, ob nicht der sprachmetaphorische Ansatz geeigneter wäre. Es gilt also hier im Sinne einer Arbeitshypothese zu überprüfen, ob Kategorien der »Sprache« und »Grammatik« im Hinblick auf die visuelle Gestaltung aussagekräftig sein können.

Eine Grammatik soll ermöglichen, Gesetzmäßigkeiten zu sehen. Ihre Kenntnis bringt den unschätzbaren Vorteil, daß nicht Einzelfälle, einzelne

Sätze memoriert, sondern daß Regeln gelernt werden können, nach denen sich unendlich viele mögliche Sätze bilden lassen. Da dadurch eine weitgehende Korrektheit der Formulierung gewährleistet ist, kommt der Grammatik auch eine normative Ausrichtung zu.

Normative Bildgrammatik?

Soll man sich aber mit diesem offenbar dürren und unproduktiven Begriff ausgerechnet der Bildsprache zuwenden? Entstünde dabei nicht ein Gewirr von Vorschriften oder Verboten, die jeden kreativen Umgang mit Bildern ersticken?

Das Bild zeichnet sich – insbesondere nach der Entlassung aus der Einengung durch »Schulen« – gerade durch eine fast unbeschränkte Freiheit der Gestaltung aus, eine Freiheit, die sogar gestalterisches Unvermögen nicht nur als legitim miteinbezieht, sondern diesem besondere Kreativität zugesteht. Wenn sich sogar Tiere als »Künstler« betätigen können, wozu sollen dann Grammatikkenntnisse gut sein?

»Picaffo« als Natur-Genie (ARD 4.11.1996).

Aber auch wenn man das »anything goes« akzeptiert, um Innovationen nicht durch einen normativen Riegel auszuschließen, gibt es doch das Nachdenken über die Qualität eines visuellen Textes, und hierfür ist ein verbalsprachliches Instrumentarium erforderlich. Grammatikalische Betrachtungen mögen auch für die analytische Aufarbeitung der Gestaltung geeignet sein, wobei von der Elaboriertheit linguistischer Modelle profitiert werden kann. Ein weiterer Vorteil einer Systematisierung, die sich an der verbalsprachlichen Grammatik orientiert, besteht darin, daß über verschiedene Auffassungen und Theorien von Grammatik hinweg ein Konsens über Grundkategorien besteht, was offenbar bei den oben angeführten »Bildlehren« in geringerer Weise zuzutreffen scheint.

Voraussetzung ist allerdings, daß man sich dann auf die gängigen Kategorien Phonetik, Flexion und Syntax beschränkt. (Da mit dem Begriff »Flexion« speziell die Veränderbarkeit von grammatischen Formen angezielt werden kann, sei er hier dem üblicheren Oberbegriff »Morphologie« für Form- oder Gestaltlehre vorgezogen.) Als grammatische Unterkategorien greife ich die Begriffe »Modus« und »Tempus« heraus, denen, wie mir scheint, für die Bildsprache eine besondere Bedeutung zukommt. Ich füge als weitere Bereiche »Lexikon« oder »Wortschatz« und »Stil« hinzu.

Wenn diese sieben Kategorien im folgenden auf ihre Tauglichkeit im bildsprachlichen Bereich untersucht werden, muß diese Kategorisierung rigoros durchgehalten werden, das heißt etwaige, durch eine traditionelle visuelle Gestaltungslehre nahegelegte Unterschiede sollen vernachlässigt und Phänomene und Vorgänge über bisherige Grenzen hinweg zusammengefaßt werden. Andererseits sind trennende Gesichtspunkte geltend zu machen, wo bislang durchgehende Felder bestanden. Nur so ergibt sich die Chance, einen neuen deskriptiven Zugang zu visuellen Texten zu finden.

Bild-»Lexikon«

So wie ein Worttext aus Vokabeln besteht, so setzt sich ein Bildtext aus Elementen oder Entitäten zusammen. Es sind dies in der Regel – bei einer gegenständlichen Darstellung – erkennbare (und benennbare) Gegenstände. Im Bild von Matisse sind solche Entitäten das Fenster, die Vorhänge, der Tisch, der Stuhl, der Geigenkasten usw. Das Lexikon dient sozusagen zur inhaltlichen Inventarisierung und Beschreibung des Bildes, zu dessen Denotation (vgl. S. 148). Das »Vokabular« hierfür kann im Bilderduden, dem Gesamtrepertoire der sichtbaren Welt, nachgeschlagen werden.

Nun sind nicht alle bildlichen Darstellungen gegenständlich und damit an einem Erkennungs- und Benennungskode festzumachen. Aber auch bei einem ungegenständlichen Bild lassen sich prägnante »Formulierungen«, Strukturen, Figuren als Entitäten erfassen, die ebenfalls, gleichsam wie »Wörter«, zu einem »Satz« gefügt werden.

Lexikon: Bildinhalt erkennbar und benennbar.
Henri Matisse, Intérieur.
(Der Abdruck wurde nur schwarz-weiß gestattet.)

Bild-»Phonetik«

Die Grundeinheiten der Wörter sind die Laute. Die Anzahl der Laute ist in jeder Sprache beschränkt. Aus diesem begrenzten Repertoire von Phonemen (die in den Wörterbüchern der einzelnen Sprachen in phonetischer Schrift aufgeführt sind) können sämtliche Wörter in immer wieder anderen Kombinationen gebildet werden.

Eine direkte Entsprechung für die Phoneme der verbalen Sprache gibt es in der Bildsprache nicht, da optische Wirklichkeit nicht aus distinkten

Grundelementen aufgebaut ist, sondern ein Kontinuum darstellt (vgl. S. 49).

Es ist zwar möglich, solche kontinuierlichen Erscheinungsformen in einzelne Punkte aufzulösen. Daß aber mit einer Rasterung visuelle Kontinua in Punkte oder Pixel umgesetzt werden können, sagt nichts über die Grundbeschaffenheit der Zeichen aus. Es sind also nicht die Rasterpunkte, die Bilder zusammensetzen, so wie Laute Wörter konstituieren, sondern solche Bilder sind trotz ihrer (für die technische Reproduktion erforderlichen) Rasterung als Kontinuum lesbar.

Was sind die Grundelemente der visuellen Darstellung? Gedankliche Kategorien, die sich auf die sichtbare und vorstellbare Welt beziehen, werden von der Geometrie geliefert. Als Grundelemente des Bildes können zunächst Punkt und Linie angesprochen werden. Eine Linie entsteht, indem ein Punkt aus der ersten Dimension in eine Zweidimensionalität überführt wird.

Aus der Linie läßt sich durch Querverschiebung eine Fläche bilden. Wenn diese Fläche ihrerseits in die dritte Dimension bewegt wird, entsteht ein Körper. Flächen und Körper werden in einer bestimmten Helligkeit und in einer bestimmten Farbe dargestellt. Schließlich können Linie, Fläche und Körper unter Einbeziehung der zeitlichen Dimension in Bewegung überführt werden. Aus solcher Herleitung ergeben sich als Grundelemente der visuellen Darstellung:

Punkt

Linie

Fläche

Körper / Volumen

Helligkeit / Abstufung / Graduierung

Farbe

Bewegung

Ein Bild setzt sich also immer aus einem oder mehreren solchen Grundelementen zusammen.

Es sind auch andere Analogien zwischen dem Lautsystem einer Sprache und Bildern denkbar. Beispielsweise läßt sich nach der Entsprechung der Lautkategorien fragen. Was entspricht in der Bild-»Sprache« den Konsonanten, was den Vokalen?

9 Artikulierte Bedeutung ■ 107

Der Mord, *Felix Vallotton, als Beispiel für ein konsonantisches Bild.*

Die Frösche, *Oskar Kokoschka, als Beispiel für ein vokalisches Bild.*

Es gibt Sprachen, wie die semitischen, bei denen die Information eines Wortes in den Konsonanten festgehalten wird. Vokale werden fakultativ dazugesetzt, können also in der Schreibweise wegfallen. Ähnlich ist in einem Bild die Bedeutung durch Linien, vor allem Umrißlinien, und Flächen festgemacht. Wenn man ein Bild einige Male durch einen Fotokopierer laufen läßt, sind nur noch die formalen Grundelemente erkennbar. Sie können deshalb als konsonantische Elemente gelten, und alles, was bei

Palette (René Fehr) mit konsonantischen und vokalischen Elementen.

Die Farbe ist unverzichtbar für die Bildbedeutung: blaue Erdbeeren aus dem Lande Canon.

einem Normalkopierer durchfällt (Farbe, Helligkeitsstufen, Halbtöne) als vokalische Elemente. So lassen sich einerseits konsonantische Bilder mit Linien und Flächen, und anderseits vokalische Bilder mit Helligkeitswerten und Farben unterscheiden.

Ich gehe allerdings nicht so weit, nach Farb-Entsprechungen für einzelne Vokale zu suchen, wie beispielsweise Rimbaud in seinem Sonett *Les voyelles*: »A schwarz, E weiß, I rot, U grün, O blau, Vokale . . .«.

Eine Metapher sollte indessen nicht strapaziert werden. So ist der Hinweis darauf, daß der Informationsgehalt eines Bildes weitgehend in dessen »konsonantischer« Struktur enthalten ist, nur so lange richtig, wie die »Vokale« keinen bedeutungsrelevanten Wert einnehmen. In einer Wortreihe wie deutsch »Beet, bat, Boot« ist allein der Vokal (wenn man vom Kontext absieht) das Kennzeichen der jeweils unterschiedlichen Bedeutung. In ähnlicher Weise wäre die nebenstehende Anzeige unbedeutend oder nichtssagend, wenn der ihr zugrunde liegende Witz, blaue Erdbeeren, nicht durch Farbwiedergabe gewährleistet wäre.

Auch monochrome farbige Bilder würden in einer Schwarzweiß-Wiedergabe durchfallen.

Immerhin ist zu beachten, daß bei kodierten Signalen, die auf Farbe beruhen (Verkehrssignale), die entsprechenden Bedeutungen wie Halt, Vorsicht, freie Fahrt außer mit den Farben rot, gelb, grün auch mit Formen (rund, dreieckig, quadratisch oder Pfeil) und einer festen Position kodiert werden. Auch gilt zu berücksichtigen, daß Kinder die Identifizierung von dargestellten Objekten, zum Beispiel Tieren, am leichtesten aufgrund der Umrißlinie vornehmen können, sich also am »Konsonantismus« des Bildes orientieren.

Bild-»Flexion«

Beugung oder Flexion ist der Oberbegriff für Deklination (das Haus, des Hauses, dem Haus, die Häuser ...) und Konjugation (ich singe, du singst, er singt, wir singen ...).

Der verbalen Stamm-Information setzen wir ein bestimmtes visuelles Grundmotiv, eine bestimmte Stamm-Figur gleich, die formal variiert und deren Bedeutung damit modifiziert werden kann. Solche Variierungen – bekannt aus der »Filmsprache« – sind indessen nicht dem Film und der Fotografie vorbehalten, sondern werden auch in der Malerei angewandt. In Ergänzung zu Publikationen über Filmsprache, in denen meistens Realbilder die Elemente visueller Flexion illustrieren, soll hier die Veranschaulichung mit Beispielen aus der Malerei vorgenommen werden.

Vorwegnahme der filmischen Einstellungsgrößen durch die Malerei. Großtotale: Johannes Vermeer, Ansicht der Stadt Delft, *Halbtotale: Lucas Cranach d.Ä.,* Herzogin Katharina von Mecklenburg.

Einstellungsgröße

Licht

Blickwinkel

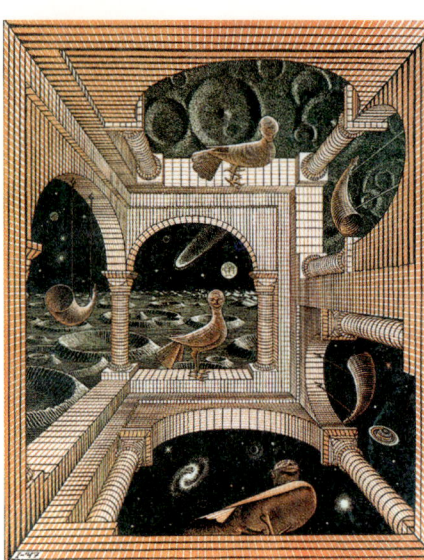

*Links: Licht als Gestaltungselement (Georges de La Tour).
Rechts: Die Blickwinkel Augenhöhe, Obersicht, Untersicht im gleichen Bild (M.C. Escher).*

Brennweite

*Vorwegnahme der Brennweiten durch die Malerei.
Oben: Tele-Optik: Claude Monet, Le Parlement.
Rechts: Weitwinkel-Optik: Edvard Munch, Mädchen auf der Brücke.*

Die Flexion eines Bildinhalts dient einerseits dessen Einpassung in und andererseits seiner Abstimmung auf das Bildganze.

Bild-»Syntax«

Syntax heißt »Satzlehre«. Syntax gibt an, wie Sätze gebildet werden aus Wörtern, aus Satzteilen, aus Nebensätzen, und wie die einzelnen Teile nach bestimmten Regeln zu einem Satz verbunden werden.

Analog dazu beschreibt eine Bild-»Syntax«, wie Bildelemente zu einem Bildganzen zusammengebaut werden, aber auch, wie einzelne Bilder einander in einer Bildsequenz folgen sollen.

Zur Veranschaulichung der Analogie sei das Bild *Je t'aime* von Robert Motherwell angeführt, in dem ein kurzer (verbaler) Satz (»Je t'aime«) als gleichwertiges Formelement zu anderen (abstrakten) Konfigurationen in einem visuellen Bild-Wort-Text in Beziehung tritt.

Wie sich eine Satzperiode aus kleineren Einheiten aufbaut, wird auch ein Bild aus einzelnen Elementen, »Einzelsätzen«, zusammengefügt: Robert Motherwell, Je t'aime.

Syntax ist also Montage. Über Bildaufbau, über Filmmontage gibt es bekanntlich Regeln. Kameraleute, Cutterinnen und Cutter, Grafikerinnen und Grafiker haben sie sich angeeignet und entwickeln sie ständig weiter, denn eine Bild-»Syntax« läßt sich viel weniger festlegen als verbalsprachliche Syntax. Es handelt sich eher um die bereits erwähnten »Gesetze des Sehens« (Metzger 1975), Gesetzmäßigkeiten der Wahrnehmung als um Regeln der Gestaltung.

Daß die Toleranz sehr weit geht, zeigt die Videoclip-Kultur: Nicht nur das (zitierte) Einzelbild wird oft mit zusätzlichen Bildelementen überlagert, sondern die Abfolge der Einzelbilder wird sehr kurz geschnitten, wobei die Heterogenität des einzelnen Bildmaterials kein Hindernis darstellt. In der Räumlichkeit des Bildes sind solche raschen Wechsel und sogar eine hektische Abfolge von verschiedenartigen Reizen (für das Auge) möglich, während für das Ohr eine ähnlich abrupt wechselnde Schnipselei von Ton-Zitaten mühsamer wäre. Der Tontext gründet viel stärker in der Kontinuität als der Bildtext.

Inhaltslogischer Zusammenhang

Ein Bild fügt oder Bilderfolgen fügen zusammen, was zu einer Handlung oder einem Thema gehört. Diese Vorgaben bestimmen den Bildinhalt; ohne sie wäre eine Darstellung nicht verständlich. So sind zu einem Duell schlicht zwei Akteure erforderlich; fällt der eine aus dem Bildausschnitt, geht auch die Evidenz der Handlung verloren.

Raumlogischer Zusammenhang

Mit dem oben erwähnten Begriff Kontinuität ist ein weiteres Prinzip genannt, nach dem Zusammenfügungen vorgenommen werden. Das Prinzip des Kontinuums ist in der Dimensionalität des Raumes selber angelegt und

Raumlogische Collage: Peter Hutchinson, Colored Mountains.

wird oft Kontiguität genannt. Wenn also die Kamera einen Ausschnitt des Raumes festhält, zeigt das Bild das, was im entsprechenden Raum nebeneinander zu sehen ist.

Auch bei künstlich generierten Bildern ist die Räumlichkeit das syntaktische Prinzip, das die Inhalte, die Gegenstände und Personen (Lexikon) zusammenbringt. Mit Raum ist in der Regel der dreidimensionale Raum gemeint, eine Gegebenheit sowohl der realen wie der virtuellen Wirklichkeit, dank welcher Inhalte in entsprechend (räumlich) sinnvoller Ordnung angeführt sind. Sogar in der Kunst des Kubismus bleibt der Raum ein Kompositionsprinzip, indem Einzelperspektiven zu einer multiplen räumlichen Ordnung zusammengefügt werden.

Zeitlogischer Zusammenhang

Eine Anordnung von Elementen entsteht auch durch die zeitliche Abfolge. Diese wird in der Regel durch mehrere getrennte Bilder wiedergegeben: Einstellungen in der Filmsequenz, Panels beim Comic. Dabei sind auch beliebig große Zeitsprünge von einem Bild zum nächsten möglich. Es gibt aber doch Darstellungen, bei denen im gleichen Bild zeitlich verschiedene Phasen dargestellt sind, so in Botticellis *Szenen aus dem Leben Mose*.

Alle Anordnungen, die sich aufgrund einer Zeitachse ergeben, folgen dem syntaktischen Prinzip der Zeitlogik, zum Beispiel Rückblenden, Parallelschnitte u.ä.

Zeitlogische Komposition: verschiedene Phasen einer Geschichte im gleichen Bild. Sandro Botticelli, Szenen aus dem Leben Mose.

114 ■ Teil II Bedeutungsebenen

Die einzelnen Bildquellen für die nebenstehende digitale Komposition. Oben: Reportage über Konsum und Abfall; unten: Model bei Modeschau (Ruedi Kubli).

Rechts: Semantische Umwertung durch eine diskurslogische Kombination von Einzelbildern (Ruedi Kubli).

Diskurslogischer Zusammenhang

Das ganze Arsenal von Konjunktionen, mit denen logische Beiordnungen oder Unterordnungen konstruiert werden, läßt sich auch für Bildbezüge verwenden. So entsprechen Temporalsätze (jedesmal wenn; und dann; während; nachdem etc.) den zeitlogischen Konstellationen, die im letzten Abschnitt beschrieben wurden. Bildfolgen lassen sich auch mit anderen Typen von Nebensätzen vergleichen: Wie bei Relativsätzen erhält ein Bild einen Zusatz durch ein bestimmtes Element; wie in Kausalsätzen wird die Ursache, wie in Finalsätzen wird der Zweck und wie in Konsekutivsätzen wird die Folge ausgedrückt; wie in hypothetischen Sätzen wird die Bedingung und wie in Konzessivsätzen eine Einschränkung gezeigt.

Formlogischer Zusammenhang

Form setzt sich über Raumlogik hinweg: Henri Matisse, Stilleben mit Geranien.
(Der Abdruck wurde nur schwarzweiß gestattet.)

Der Bildaufbau richtet sich nach grafischen Gesetzen. Dominant gesetzte Strukturen wie Diagonale, Dreieck, Kreis oder Gesetze wie Symmetrie oder Goldener Schnitt bestimmen den Aufbau eines Bildes (vgl. S. 50); Prinzipien wie Gleichgewicht, Kontrast, Rhythmus melden gestalterischen Anspruch an. Auch die Farbenlehre legt konfigurative Optionen nahe.

Manchmal werden andere kompositorische Prinzipien (zum Beispiel Raumlogik) aufgrund der Formlogik zurückgedrängt, so in Kompositionen von Henri Matisse, in denen ein Ornament den Raum überwuchert.

Formanalogie als Kompositionsprinzip (Philip Morris).

Anordnung, wie sie die Lesekultur vorschreibt: Dieter Becher, Anfang.

Leselogischer Zusammenhang

Schließlich gibt es für Bildtexte eine Anordnung, die dem Aufbau der Worttexte folgt.

Der Text beginnt in der westlichen Kultur oben links und wird weitergeführt in der Manier der geschriebenen und gedruckten Zeilen. Solchem spezifisch abendländischen Ablauf folgen beispielsweise die Panels von Comics. Auch die Benutzeroberfläche des Computerbildschirms ist in der Regel nach dieser traditionellen Gliederung organisiert, zumal das dominante Vorhandensein von Schrift ohnehin auch die Plazierung von Bildsymbolen bestimmt. Bis hin in die Schwenkrichtung bei Filmaufnahmen läßt sich die okzidentale Leseausrichtung verfolgen.

Alogischer Zusammenhang

Es gibt auch Bilder, die jeder der hier angeführten Logiken entbehren. Etwa in der surrealistischen Kunst oder dem *Art brut* stoßen Elemente aufeinander, deren Wirkung darin besteht, vorhandene Schemata zu sprengen. Man könnte bei dieser Art Montage – in Anlehnung an den Zen-Buddhismus – von Koan sprechen: Etwas auf den ersten Blick Widersinniges wird als Aufgabe gestellt, um darüber zu sinnieren.

Als entscheidender Unterschied einer Bildsyntax gegenüber der verbalsprachlichen Syntax erweist sich die Offenheit der Abfolge von formalen Elementen. Wenn in der Wortgrammatik ein Artikel auftaucht, weiß der

Leser, daß nun ein Substantiv folgen muß; eine Präposition zieht notwendig die durch sie angekündigte nähere Angabe nach sich; ein transitives Verb stellt einen Akkusativ in Aussicht. Verbale Syntax erweist sich als ein Regelwerk von weitgehend vorausschaubarer Ordnung, wiewohl in der modernen Literatur oft solche Strukturen und Erwartungshaltungen aufgebrochen werden.

Im Gegensatz dazu weiß ich in einem Film, in einer Fernsehsendung aufgrund der laufenden Einstellung kaum je, welche Art Bild folgen wird. Diese Ungewißheit mag sogar einer der Gründe sein, die den Zuschauer an den Bildschirm fesseln: Man will wissen, wie es weitergeht, auch in der Mikrostruktur des Ablaufs – eben der Syntax.

Der Vergleich von Wort- und Bildgrammatik läßt wichtige Unterschiede erkennen. Die klassischen visuellen Gestaltungselemente wie Einstellungsgrößen, Perspektiven, Licht, Farbe, Brennweite u.ä. haben einen sowohl flexivischen als auch syntaktischen Aspekt: Sie dienen nicht nur der Einpassung einzelner Elemente in die Bildaussage (Flexion), sondern auch dem Bildaufbau als Ganzem (Syntax). So wandelt etwa die Einstellungsgröße nicht nur eine in der Grundaussage gleichbleibende Stamminformation ab, indem durch kleinere oder größere Distanz das Gewicht der Umgebung gegenüber dem einzelnen Objekt variiert wird, sondern sie nimmt auch durch Einbeziehung weiterer inhaltlicher Elemente (zum Beispiel von

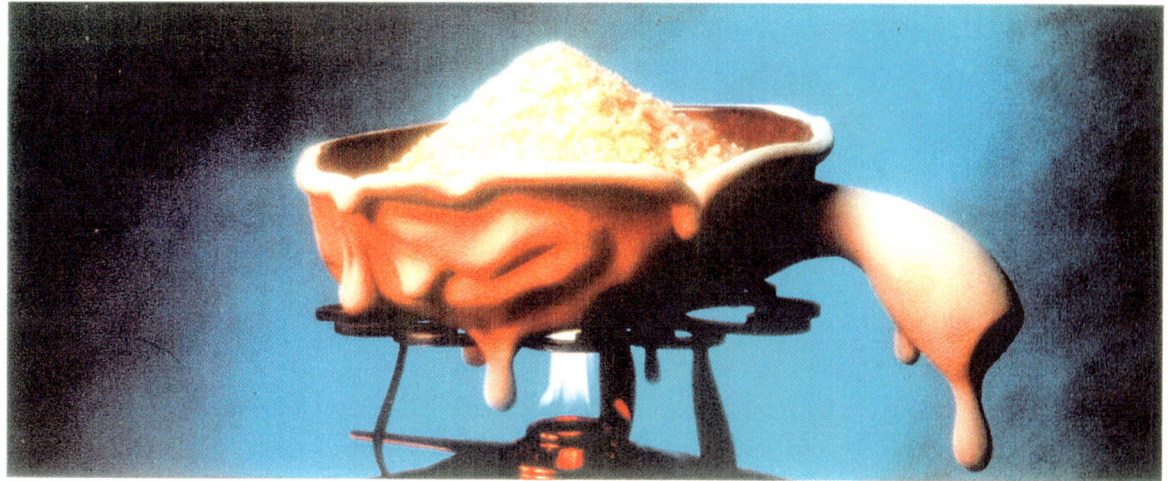

Visuelles Koan: Herausforderung durch Widersprüchlichkeit (Werbung einer Versicherungsgesellschaft; Aebi, Strebel AG).

anderen Personen oder einem anderen örtlichen Kontext) einen erweiterten visuellen »Satzbau« vor, konstruiert also mit dem gleichen Gestaltungselement nicht nur Varianten von inhaltlich ähnlichen Bildern, sondern auch inhaltlich verschiedene Bilder.

Bild-»Modus«

In der Grammatik der Verbalsprache wird der Modus der Formen unter Flexion und der Modus des Gebrauchs unter Syntax abgehandelt. Wir sprechen dort von Indikativ (Wirklichkeitsform), Imperativ (Befehlsform) und Konjunktiv (Möglichkeitsform). Eine bildliche Befehlsform haben wir im Zusammenhang mit der Appell-Funktion bereits betrachtet. Die Bezeichnung »Wirklichkeitsform« weist auf die medien- und bildpädagogische Relevanz dieser grammatikalischen Kategorie hin. Wie wirklich ist die Wirklichkeit eines Bildes?

Trotz »naivem« Auftritt real gemeint: Appenzeller Malerei (A. Enzler).

Bild-Indikativ (Realis)

Der Bild-Indikativ ist nicht an die technische Form eines Realbildes gebunden. Eine stark von einem »realistischen« Bild abweichende Darstellung, zum Beispiel in der naiven Malerei (S. 118) oder in der Kinderzeichnung, muß, wenn der Bildproduzent sie als Vorgabe in der Realität erlebt, dem Realis zugeordnet werden.

Es ist auch eine entgegengesetzte Behandlung von »realistischen« Motiven möglich: eine Intensivierung des Realen mit zeichnerischen und malerischen Mitteln, wie beim »Hyperrealismus«. Da es meistens um Darstellungen von Menschen geht, ist im angelsächsischen Kulturbereich der Ausdruck »Superhumanism« dafür gebräuchlich. Realer als ein Realbild ist nebenstehendes Beispiel.

Größtmögliche Verdeutlichung von Realität ist aus didaktischen Gründen bei wissenschaftlichen Bildern wünschbar (vgl. S. 72).

Überdeutliche Darstellung als Hyperrealismus (Daniel Lahaii).

Bild-Konjunktiv (Potentialis)

Das Realbild aus einem Fotoroman oder einem Spielfilm bezeichnet nicht etwas real, sondern nur etwas in der Fiktion Existierendes. Da Fiktion oft eine Form von möglicher Wirklichkeit darstellt, können wir diesen Bildmodus als Möglichkeitsform bezeichnen. Fiktion kann von der Realität eingeholt werden, wie bei Romanen und Filmen aus dem Fiction-, insbesondere dem Science-fiction-Bereich. So wie Fiktion im Indikativ erzählt wird, kann auch ein Spielfilm die technische Form des Realbildes verwenden. Sein Handlungsablauf orientiert sich am Prinzip der Plausibilität und ist entsprechend als Möglichkeitsform zu lesen.

Der »Als-ob-Modus« des Spielfilms.

Unmöglichkeitsform (Irrealis)

Der Irrealis operiert mit realen Elementen, aber er bringt diese in eine nicht-reale Konstellation.

Medienproduktionen im Bereich von Brutalo- und Horrorfilmen, aber auch der Videoclip-Kultur sind im Modus des Irrealis angelegt und zu lesen. Dies mag zum Beispiel bei Brutalofilmen schwerfallen, die Realbilder verwenden.

Irrealis: optische Zelebrierung des Unmöglichen (Tsunehisa Kimura).

Werbung: Produkte von der besten Seite zeigen (Gottschalk & Ash International).

Idealtypische Form (Idealis)

Ein in der verbalsprachlichen Grammatik nicht existierender Modus ist der Idealis. Diese Darstellungsform gibt Inhalte der Wirklichkeit idealiter wieder, wie die Porträtkunst, oder sie errichtet eine autonome ideale Bildordnung ohne Bezug zur Realität.

Hier läßt sich auch die Produktfotografie in der Werbung anführen, die zwar manchmal eher dem Hyperrealismus zuneigt, aber oft ein Produkt mit formalen Mitteln idealtypisch stilisiert oder durch ein Arrangement der Realität »nachhilft«, idealtypisch in Erscheinung zu treten, so wenn Bierschaum mit chemischen Zusätzen steif und stabil gehalten wird. Mit der Digitalisierung von Bildern stehen neue Möglichkeiten offen, eine fotografische Aufnahme im nachhinein zu entschlacken und idealtypisch zu verändern.

Der Idealis kann auch das Individuelle überwinden und die reale Vorgabe als Typus stilisieren. Die formalen Möglichkeiten einer Typisierung reichen von der reduzierenden Strichzeichnung über die archaische Plastik bis zum gemalten unscharfen Bild.

Ideale ideelle Ordnung:
Martin Halter, Quadrate im Raum.

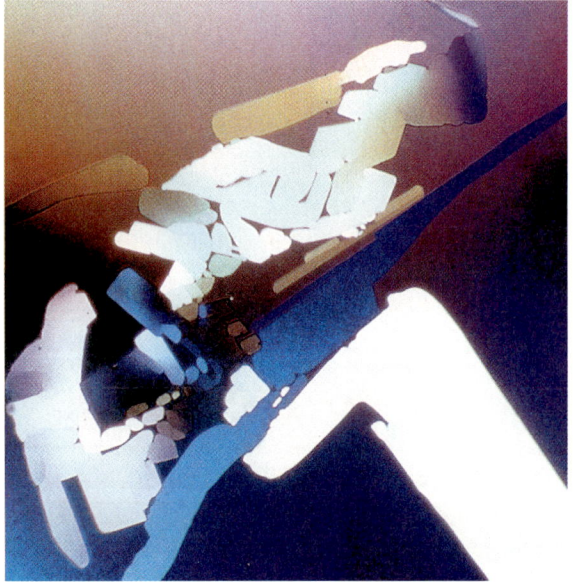

*Ungegenständliche Konfiguration:
im Bild links zu lesen im Idealis
(Gusti Guldener) und im Bild
rechts im Realis (Magnesium-
nitrat).*

Schließlich trifft der Idealis auf Bilder zu, die überhaupt keine Anklänge an eine bestehende Wirklichkeit aufweisen und als Konfiguration von Farben und Formen – zum Beispiel in der ungegenständlichen Kunst – eine ideale Ordnung ohne Bezug zur Realität konstituieren.

Bei den zwei vorangehenden Beispielen ist das erste Bild im Idealis und das zweite im Realis zu lesen. Auch bei diesen Modi sind die Grenzen fließend; insbesondere die Werbung möchte, daß der Idealis als Realis aufgefaßt wird.

Bild-»Tempus«

Bilder werden zu einem bestimmten Zeitpunkt produziert, sie stellen eine bestimmte Zeit dar, und sie werden vom Betrachter zu einem bestimmten Zeitpunkt gesehen. Bei Live-Übertragung des Fernsehens sind diese drei Zeiten identisch.

Verkürzung und Dehnung

Wird das Eins-zu-eins-Verhältnis der Live-Übertragung im Film angewandt, entsteht meistens eine Art Anti-Film, wie etwa der Streifen Andy Warhols, der über eine Dauer von acht Stunden das Empire State Building festhält. Film lebt vom Zeitsprung.

Die Raffung von Zeit ist auch möglich durch den Zeitraffer, das Unterdrehen, geläufig aus Dokumentarfilmen über sich öffnende Blumen. Als Gegenbeispiel zur Zeitraffung, der Zeitdehnung, läßt sich etwa das Schwingen der Stimmlippen oder das Schnappen eines Chamäleons nach der Fliege anführen. All dies ist bekannt und mehr oder weniger banal, weil eben gewohnt, und gleichwohl eine Art Wunder einer erweiterten Wahrnehmung.

Rascher als das Auge: Chamäleonzunge schlägt zu.

124 ■ Teil II Bedeutungsebenen

Farbfehler als Zeitkode (vierziger Jahre): Edwin Land mit erstem Polaroid-Foto.

Frauenbild als Zeitkode: Werbung für eine Waschmaschine (ASGS/BBDO).

Die Medienzeit ist die Vergangenheit

Abgesehen von Live-Übertragungen zeigt jedes Fernsehbild, jedes fotografische oder filmische Bild Vergangenheit, zeigt nicht die Welt, wie sie ist, sondern wie sie zum Zeitpunkt der Aufzeichnung war.

Expliziter und impliziter Zeitkode

Moderne Fotokameras verfügen über eine Zeiteinblendung. Wo dies nicht der Fall ist, sollte das genaue Datum als expliziter Zeitkode festgehalten werden. Im Abspann einer Sendung sollte das Produktionsdatum stets erwähnt werden.

Neben dem expliziten gibt es auch einen impliziten Zeitkode. Das sind zunächst äußere, technische Anhaltspunkte. So kann aus der Zusammensetzung einer bestimmten Emulsion darauf geschlossen werden, wann der Film hergestellt wurde (was nicht gleichbedeutend ist mit dem Zeitpunkt der Belichtung).

Grobe technische Anhaltspunkte vermitteln die Qualität der Farbe, des Tons oder die filmische Technik. Dokumentarfilme aus der Zeit des Ersten Weltkriegs scheinen deshalb im Zeitraffer abzulaufen, weil damals mit 18 Bildern pro Sekunde gefilmt wurde, während man heute bloß über Vorführapparate mit 24 Bildern pro Sekunde beim Film und 25 Bildern pro Sekunde beim Fernsehen verfügt. Dieser äußere Zeitkode läßt sich zeitlich weit hinter die optischen Speicher verfolgen, über die Drucktechnik zu den Technikvarianten des Kupferstichs und Holzschnitts. Für frühere Zeiten läßt sich die Radiokarbon-Methode (C-14) anwenden, mit der man beispielsweise das Alter von prähistorischen Malereien zu bestimmen sucht.

Weitere Hinweise im Sinne eines impliziten Zeitkodes leiten sich aus der Darstellungsweise ab, einer bestimmten Schnitt- oder Aufnahmetechnik bei den optischen Medien oder, bei Bildern und Zeichnungen der bildenden Kunst, zum Beispiel aus der Beherrschung der Perspektivtechnik.

Schließlich ergibt sich ein impliziter Zeitkode aus den Inhalten der Darstellung: aus Merkmalen, die an eine bestimmte Zeit geknüpft sind. Hier kann es sich um Kleidung oder Automobilmodelle handeln, allenfalls um aus anderen Quellen situierbare Ereignisse. Sich einer vergangenen Zeit in einem historischen Film anzunähern ist sowohl für den Macher als auch für den Konsumenten ein reizvolles, doch komplexes Unterfangen. Im Falle eines fiktionalen Textes, beispielsweise eines historischen Spielfilms, wird versucht, eine bestimmte Zeit, eine Periode, eine Ära nachzubilden. Dies mag mit Akribie und historischer Treue versucht werden, wie bei Jean-Jacques Annauds Filmen *Der Name der Rose* oder *Am Anfang war das Feuer* oder bei Fred Niblos *Ben Hur*.

Risiken von Zeitverfälschung

Es kann auch sein, daß sich Filmer die »dichterische« Freiheit herausnehmen und die historische Zeit ihren Vorstellungen (oder dem Budget) anpassen. Im Hinblick auf einen Spielfilm wird man dann kaum von Geschichtsklitterung sprechen, wiewohl Zuschauer sich oft wegen solcher Darbietungen falsche Vorstellungen über bestimmte Epochen machen.

Bei historischen Filmen und Werken kommt noch hinzu, daß Werte und Stilpräferenzen der Zeit, in der sie hergestellt werden, in diese Texte einfließen. Dies läßt sich am Beispiel der Figur der Kleopatra zeigen.

Kleopatra. Marmorkopf, 30-11 v. Chr.

Clodette Colbert im Film von Cecil B. De Mille, 1934.

Elizabeth Taylor im Film von Joseph L. Mankiewicz, 1963.

Kleopatra als Isis. Ägyptisches Kalksteinrelief, um 50 v. Chr.

Arnold Böcklin, Die sterbende Kleopatra, *1878.*

Bild-»Stil«

»Stil« ist ein Begriff, der bereits in der Kunstgeschichte heimisch ist und sich von dort auf weitere visuelle Bereiche ausdehnen läßt.

Merkmal-Orientierung

Kann man mit Buffon sagen: »Le style c'est l'homme«, so läßt sich auch in der Kunstgeschichte etwa der Stil Frans Hals' vom Stil Rembrandts unterscheiden. Entsprechend spricht man beim Film vom Stil eines Fellini oder Antonioni. Sempé zeichnet seine Cartoons in einem andern Stil als Loriot. Im Stil eines Künstlers finden sich nicht nur persönliche Merkmale ausgeprägt, sondern auch solche der Zeit, in der er lebt. Ich habe sie im letzten Unterkapitel, »Tempus«, als Zeitkode bezeichnet. In diesem Sinne ließe sich sagen: »Le style c'est l'époque«. So kennt die Kunstgeschichte Stilrichtungen wie die Romanik, die Gotik, den Barock, den Impressionismus, den Jugendstil. Beim Film gibt es beispielsweise den Stil des Expressionismus, des Neorealismus, des *Direct Cinema* oder der *Nouvelle Vague*. Auch unterscheidet sich etwa der Stil der Grafik aus den siebziger Jahren von demjenigen aus den fünfziger oder sechziger Jahren.

Genre-Orientierung

Merkmale können sich an ein Genre anlehnen. So zeichnet jemand im Comic-Stil, während eine Tagesschau clipartig gestaltet sein kann. Auch von literarischen Gattungen lassen sich Merkmale herleiten, so daß man von einem lyrischen, dramatischen, epischen, sachlichen, humoristischen Stil u.ä. sprechen kann.

Form-Orientierung

Die Orientierung an formalen Kategorien führt zu Unterscheidungen wie archaisch, naiv, manieriert. Eine formale Typologie wie Heinrich Wölfflins Unterscheidung von »linear« und »malerisch« läßt sich auch auf mediale Darstellungen ausdehnen (Wölfflin 1948, 31–69): »linear« steht für eine Gestaltungsweise, die mit verdeutlichenden Linien, klaren Umrissen, eindeutigen Flächen arbeitet (konsonantisch, vgl. S. 108), während Darstellungen mit eher verwischten Formen und Farben, Helligkeitsabstufungen und Halbtönen als »malerisch« gelten können (vokalisch, vgl. S. 108). So kann der Bereich des Realbildes, sofern nicht hartzeichnende Techniken oder besondere Kontraste verwendet werden, als »malerisch« gelten. Diese Stilunterscheidung ist von didaktischer Bedeutung, wenn eine differenzierende Verdeutlichung, zum Beispiel in der Medizin bei der Darstellung von Gewebequerschnitten, notwendig ist.

Andere technische Elemente können für einen Stil bestimmend sein, etwa die Beschränkung auf eine Schwarzweiß-Darstellung, auf eine bestimmte Rasterung, auf Ausfilterung von Farbwerten bei der Reproduktion von fotografischen Bildern. Wie bei der verbalen Sprache können phonetische und syntaktische Eigenheiten als Stilmerkmale fungieren.

Computer als Stilmittel: Zirkuspferde in einer konsonantischen (Bild oben) und rechts in einer vokalischen Version (Ruedi Kubli).

Der Stilbegriff ist auch auf Abstufungen von Ähnlichkeit (Similarität, Ikonizität) anwendbar, wie im Unterkapitel »Bild und Wirklichkeit« dargelegt wurde (S. 29). Zwischen naturgetreu und schematisch gibt es Zwischenstufen.

Die genaue und detailreiche Abbildung ist vor allem dort wertvoll, wo sich beim Betrachter mangels eigener Erfahrung aus der primären Wirklichkeit noch keine inneren Bilder etablieren konnten. Wo man mit unbekannten Gegenständen oder Landschaften konfrontiert wird, ist höchste Ähnlichkeit der Abbildung mit dem Abgebildeten wünschbar. Umgekehrt kann eine allzu naturalistische Abbildung hinderlich sein, wenn die Identifikation mit bestimmten Figuren erleichtert werden soll. Als Beispiel hierfür sei die Verfilmung (Transkodierung) von Märchen erwähnt. Wer sagt, Märchen könne man nicht verfilmen, denkt offenbar lediglich an einen naturalistischen Stil. Kunstvolle Zeichentrickfilme zeigen, daß es möglich ist, mit einer eher schematischen Formensprache eine Transkodierung vorzunehmen, welche nahe beim schematisierenden Stil des verbalen Originals bleibt.

Skala der Ikonizität: von detailliert bis schematisch (Scott McCloud).

Stilisierte Figuren durch eigene Imagination ergänzen. Walt Disney, Snow White.

10 Kontextuelle Bedeutung

Im Kapitel 9, »Artikulierte Bedeutung«, beschränkte sich die Erschließung der Bedeutung auf eine textimmanente Betrachtung: Es wurden ausschließlich die Elemente in Betracht gezogen, die auf dem betreffenden Bild artikuliert sind. Solche einzelnen Elemente sind jedoch oft aus dem betreffenden Bildtext allein nicht hinreichend zu erklären; das hermeneutische Korpus bedarf einer Erweiterung, der Text bedarf eines Kontexts im Sinne einer Betrachtung innerhalb des Gesamtwerks.

Vom Einzeltext zum Gesamtwerk

Beim Betrachten von Bildern oder von Filmen eines Künstlers, eines Realisators, fällt auf, daß gewisse Elemente, Motive, Themen wiederkehren. Damit wird eine über den einzelnen Text hinausgehende Annahme nahegelegt, daß diese Elemente für den betreffenden Bildproduzenten eine besondere Bedeutung innehaben. Es sei an Paarfiguren bei Chagall, an den Wolkenhimmel bei Magritte, an die Montagne Sainte-Victoire bei Cézanne oder an die Substanzen Filz und Fett bei Beuys erinnert.

Thema und Variationen: Paul Cézanne, Montagne Sainte-Victoire.

Es kann sich aber außer um inhaltliche auch um formale Eigenheiten handeln, wobei der Stilfrage ein besonderer Stellenwert eingeräumt werden muß. Durch die Erweiterung des Textes um vergleichbare Aussagen im Gesamtwerk eines Künstlers verbreitern sich die Deutungsmöglichkeiten. Dies kann so weit gehen, daß man ein werkeigenes Glossar anlegt, wenn einzelne »Lexeme« entschlüsselt sind.

11 Intertextuelle Bedeutung

»Es gibt viele Möglichkeiten, durch die ein Text auf einen anderen verweisen kann: Parodie, Pastiche, Anklänge, Anspielung, direktes Zitat, strukturelle Parallelen. Einige Theoretiker sind der Ansicht, daß Intertextualität das eigentliche Wesen der Literatur sei, daß alle Texte aus dem Gewebe anderer Texte geflochten sind, ob ihre Autoren es nun wissen oder nicht.«

Hollywood als Panoptikum (Renato Casaro).

11 Intertextuelle Bedeutung   133

MM als Vor-Bild:
Originalbild
(Tages-Anzeiger, *13.1.1995*),
Bearbeitung
(The European, *9.6.1995*),
Neuinszenierung
(Blick, *27.2.1997*),
Nachahmung
(Blick, *13.5.1993*).

Dies schreibt jemand, der es weiß und auch gekonnt damit arbeitet: David Lodge in der *Kunst des Erzählens* (1993, 123).

Kulturelle Obertöne

Intertextualität kommt auch als Regelhaftigkeit von Mediengenres zum Ausdruck, zum Beispiel der gleichbleibende Schauplatz für die thematisch variierten Handlungen einer Sitcom. Man wird der Sitcom nicht gerecht, wenn man nicht dieses genrespezifische Element angemessen in die Beurteilung einbezieht. In dokumentarischen Texten des Fernsehens gehören zu solchen genretypischen Topoi die schwarzen Limousinen bei Staatsbesuchen oder die notorische Kamerafahrt auf das verschlossene Portal des Gerichtsgebäudes: Einstellungen dieser Art machen erst »Sinn« auf dem Hintergrund des Vorwissens, daß im Gerichtssaal nicht gefilmt werden darf. Die feierliche Unterzeichnung eines Abkommens wäre als Vorgang unverständlich, wenn wir ihn nicht als Ritual aus anderen Abschlüssen von Staatsverträgen vor laufenden Kameras kennen würden.

Solche innerhalb eines Mediums wiederkehrenden Inhalte sind bei Roland Barthes (1988) mit *mythes* gemeint, Mythen des Alltags. Im Gegensatz zum klassischen Mythos-Begriff werden sie allerdings vornehmlich aus semantischen Partikeln »von oben«, von einer innerhalb der gleichen Kultur übergestülpten Verwendung genährt, während die klassischen Mythologeme »von unten«, archetypisch und aus der Tiefenpsychologie ableitbar heraufwachsen.

»Grüße an die Kunstgeschichte«

Mel Ramos nennt seine poppigen Hommages an den klassischen Meister Ingres Grüße an die Kunstgeschichte. Zurück zu den Quellen, könnte man die Nachempfindung des klassischen Bildes *La source* nennen, das der kalifornische Künstler mit seiner an Pin-ups geübten Malweise formuliert.

Solche »Grüße an die Kunstgeschichte« sind allerdings mehr als ein Gag und eine spielerische Anlehnung. Die vielen zitatmäßigen Übernahmen und kreativen Transformationen bekunden auch Willen und Bedürfnis, sich in eine visuelle Tradition einzuordnen, sich am Vor-Bild zu qualifizieren und den eigenen Stil auch als eigene Sehweise am semantisch bekann-

Links: Odalisque *als Vor-Bild (Ingres).*
Rechts: Poppiger Gruß an den Meister (Mel Ramos).

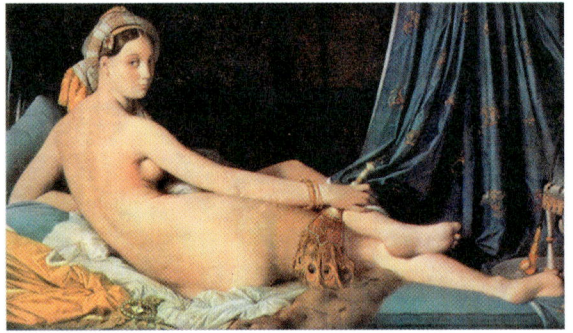 

11 Intertextuelle Bedeutung 135

Doppelzitate:
Links: Anklänge an Hokusai und Magritte (Fred Engelbert Knecht).
Unten: Anlehnung an Velázquez und Dalí (Eduardo Arroyo).

ten Inhalt zu profilieren. Sie sind ein Messen am Meister und ein Messen der eigenen innovativen Kraft der Darstellung, eine Referenz an den Kanon anerkannter Konfigurationen und gleichzeitig der Versuch einer Emanzipation.

So haben eine ganze Reihe von renommierten Künstlern die Vorgaben ihrer Vorgänger als Herausforderung angenommen und sie zum Gegenstand der eigenen Aussage gemacht.

Das Zitieren mit originärer Veränderung läßt sich gelegentlich steigern zu einer Überlagerung von Zitaten: so bei Eduardo Arroyo mit dem *Porträt des Zwerges und Hofnarren Sebastian de Morra* von Velázquez, dem zugleich die Züge von Salvador Dalí verliehen wurden, und so die Hokusai-Welle von Fred Engelbert Knecht, die sich unter einem Magritteschen Himmel auftürmt.

12 Transtextuelle Bedeutung

Außer aus parallelen Texten des gleichen Autors oder des gleichen Motivs können weitere Deutungshilfen mobilisiert werden, die über die in Frage kommenden einzelnen Texte oder die anvisierte Gesamtheit der Texte hinausgehen. Wir sprechen deshalb von transtextueller Bedeutung und meinen damit Hinweise, die aus dem biografischen oder zeitgeschichtlichen Hintergrund gewonnen werden können.

Der biografische und zeitgeschichtliche Hintergrund

Das Inventarisieren und Vergleichen von Themen und analogen Motiven (also die kontextuelle und intertextuelle Analyse) mag in manchen Fällen zu keiner hinreichenden Deutung führen. So zeigt die Häufung der Beuysschen Markenzeichen Filz und Fett bei einer thematischen Sichtung höch-

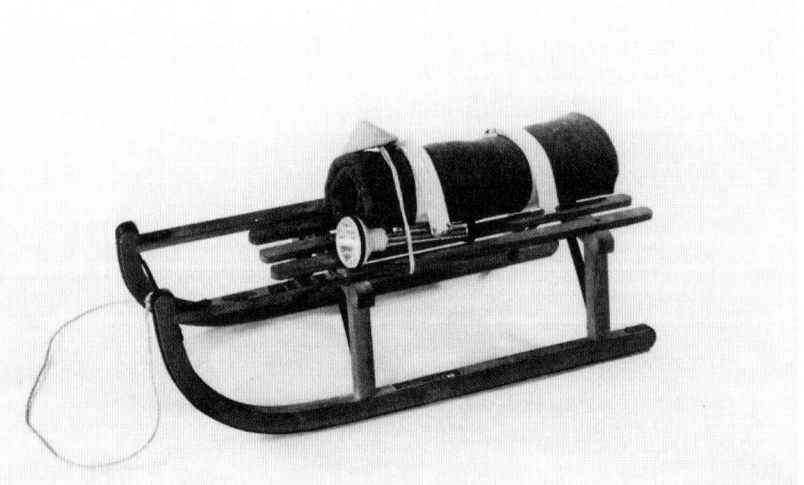

Biografisch begründete Themen: Fett und Filz bei Joseph Beuys.

stens, »wie geradlinig und konsequent er seine Ideen weiterentwickelt und wie folgerichtig sich ein Werk auf das andere aufbaut« (Ulmer Museum 1984). Aus dem biografischen Hintergrund kann man die Bedeutung der beiden Schlüsselsubstanzen im Werk von Beuys erklären: Im Jahre 1943 wurde die Ju87 der deutschen Wehrmacht, in der Joseph Beuys als Beobachter mitflog, von der russischen Fliegerabwehr getroffen, so daß sie im Schneesturm abstürzte. Schwer verletzt wurde Beuys von nomadischen Tataren nach einigen Tagen gefunden. Um ihn vor der eisigen Kälte zu schützen, rieb man seinen Körper mit Tierfett ein und wickelte ihn in Filzdecken. Diese Behandlung rettete ihm das Leben.

Die klassische hermeneutische Methode der Kunstwissenschaft, die Ikonographie, stützt sich auf möglichst viele inter- und transtextuelle Hinweise. Auf einen breiten Anwendungsbereich trifft diese Art Bildkunde in der Historienmalerei von der Antike bis zum 20. Jahrhundert (Picassos *Guernica*) zu, da historische, mythologische und religiöse Inhalte eng mit dem tradierten geschichtlichen und kulturellen Hintergrund verknüpft sind.

Bisweilen transportieren Bilddarstellungen und Bildhandlungen einen zeitgeschichtlichen Bezug als zusätzliche Aussage, wie zum Beispiel das berühmte Gemälde *La Primavera* von Sandro Botticelli, das ikonographische Anspielungen an die damalige politische Szene in und um Florenz enthält (vgl. Bredekamp 1996, 38-39).

13 Verbindungen von Ebenen und Strängen

Durch die Gesamtheit der visuellen Texte hindurch ergeben sich auf den jeweiligen Bedeutungsebenen gestalterische und inhaltliche Parallelen. Solche semiotischen Schichten von vergleichbaren Konfigurationen können als Kodes bezeichnet werden.

Von der Bedeutungsebene zum Kode

Die Zusammenfassung (in einem Fall allerdings eine zusätzliche Auffächerung) in Kodes gestattet eine Vereinfachung in der praktischen Handhabung des Bilderlesens.

Ebenen der Bedeutung	Kodes
Spontane Bedeutung	biologischer Kode / archaischer Kode
Feste Bedeutung	konventionaler Kode
Latente Bedeutung	kategorialer Kode
Deklarierte Bedeutung / Artikulierte Bedeutung / Kontextuelle Bedeutung / Intertextuelle Bedeutung / Transtextuelle Bedeutung	flexibler Kode

Biologischer Kode am Beispiel Sex & crime *(in einem* »real life magazine«*).*

Der biologische Kode

Der biologische Kode umfaßt stammesgeschichtlich angelegte Signale (inhaltliche und formale Reize), die ein unwillkürliches, reflexmäßiges Verhalten abrufen – Verhaltensweisen also, die im Unterkapitel »Eine endlose (Stammes-)Geschichte« erörtert wurden (vgl. S. 41).

Themen wie Action, Gewalt und Sexualität, Hektik signalisierende Gestaltungsweisen (rasche Schnitte, Kamerabewegungen, Zooms) sind – darauf hat Hertha Sturm hingewiesen – aufmerksamkeitsbindende Elemente; sie dienen dazu, den Zuschauer bei einem bestimmten Programm zu halten respektive ihn am Umschalten zu hindern.

Die Wirkung solcher Signale in den Medien ist groß. Sie schaffen einen allen möglichen Publikumsschichten gemeinsamen Nenner, den man durch das Ansprechen von kognitiven Interessen nicht erzielen könnte.

Der archaische Kode

Zum archaischen Kode zählen vorkulturelle Ausdrucksweisen, die der Entwicklung der Verbalsprache vorangegangen sind, also mimische und gestische Signale. Der archaische Kode reicht also »nur« in die Primatenvergangenheit zurück, schließt aber dabei vormenschliche Ausdrucksweisen mit ein.

*Archaischer Kode: Mimik und Gestik (*Blick-Wetterfee*).*

Der konventionale Kode

Konventionaler Kode meint, daß die Verständigung mit Symbolen und Regeln erfolgt, die durch gesellschaftliche Vereinbarung – durch Konvention – mit einer festen Bedeutung versehen sind: Sprache also, und zwar vor allem verbale Sprache. Zum konventionalen Kode gehören auch visuelle Zeichen mit fester Bedeutung, wie optische Signale oder Piktogramme.

*Konventionaler Kode: Piktogramme und Sprache (*Blick-Wetterkarte*).*

Im weiteren gibt es Konventionen im Sinne von »Vorgaben, die den Aufbau von Äußerungen, Diskursen, Texten regeln« (Bystrina 1981). Je »konventioneller« solche Gestaltungsregeln gehandhabt werden, um so »verständlicher« sind ihre Ergebnisse. Wenn die konventionelle Darbietung kreativ durchbrochen wird wie in der Kunst, ist die Deutung entsprechend schwieriger. So ist ein »konventioneller« Serienfilm leichter zu lesen als ein anspruchsvoller Spielfilm, der aber auf gewisse »Konventionen« nicht ganz verzichten kann.

Der kategoriale Kode

Der kategoriale Kode besteht aus einer inhaltlichen Komponente, aus Gegenständen und Motiven, die eine weitgehend universelle symbolische Bedeutung haben, und aus einer strukturalen Komponente, wie Größenverhältnisse, Anordnungen, Relationen, Abfolgen. In der sogenannten Bedeutungsperspektive der mittelalterlichen Malerei wird die Größe der dargestellten Inhalte durch deren Wichtigkeit bestimmt. Eine Linie, die von

Kategorialer Kode: symbolische und strukturale Elemente (Karl Rössing, Junger Ästhet*).*

Flexibler Kode: Voll entfaltetes Register der visuellen Gestaltung (Augusto Giacometti).

links unten nach rechts oben führt, kann Zunahme oder Anstieg, eine absteigende Linie Abnahme, Niedergang und, wie im Beispiel von Munch, Verzweiflung signalisieren (vgl. Abb. S. 94).

In diesen Zusammenhang gehören auch die Kameraeinstellungen und -bewegungen, die Sinnzusammenhänge zwischen einzelnen visuellen Elementen knüpfen.

Der flexible Kode

Die Schwierigkeiten der Dekodierung beginnen bei der visuellen und audiovisuellen Darbietung dort, wo keine festen, auf Vereinbarung beruhenden oder andere verläßliche Bedeutungen ausgemacht werden können. Der flexible Kode umfaßt das gesamte Spektrum, das in den Kapiteln 9 bis 12 dargelegt ist. Flexibel heißt, daß eine Bedeutung konstituiert wird, die nur in diesem speziellen Zusammenhang Gültigkeit hat.

Die Überlagerung der Kodes

Es gehört zur Eigenheit und Faszination des Bildes, daß diese besprochenen Kodes in Überlagerung auftreten. Sie machen die semantische Vielschichtigkeit von Bildern aus.

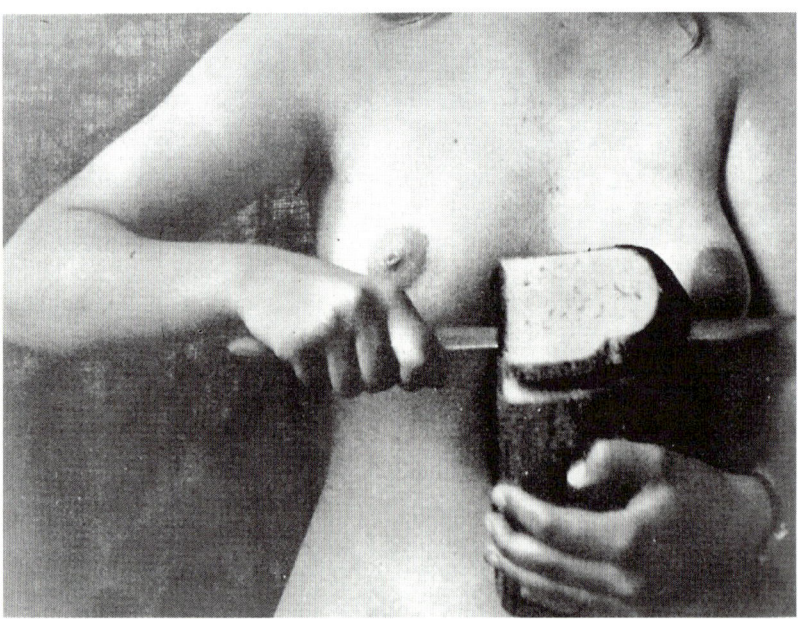

Kodes lassen sich überlagern: Vielschichtige Bedeutung (Marcel Marien).

In einer Tabelle sei der Versuch einer Zusammenfassung unternommen:

Stufe	Kode-Benennung	Repertoire	Rezeptions-verhalten
stammes-geschichtlich	biologischer Kode	formal: rasche Bewegungen und Veränderungen, auffällige Details inhaltlich: Themen wie Lebensbedrohung, Lebenssicherung, Sexualität	reflexmäßige Zu-wendung, Erregung
vorkulturell	archaischer Kode	Mimik, Gestik	emotionale Reaktion
kulturell	konventionaler Kode	Schriftzeichen	Verstehen
		visuelle Zeichen (z.B. Piktogramme, Signete)	Orientierung
		Prototypen	Erkennung
	kategorialer Kode	symbolträchtige Inhalte, archetypische Strukturen	intuitives Erfassen, be-wußtes Interpretieren
	flexibler Kode	visuelle Formen und Konfigurationen	Verstehen und Interpretieren

Die Schichtbarkeit von Kodes kann erklären, warum audiovisuelle Texte – von banalen Fernsehsendungen bis hin zu anspruchsvollen Spielfilmen – eine breitere Zuwendung finden und oft eine größere Faszination ausüben als verbale Texte: Die Überlappung der Kodes bewirkt auch ein Erreichen tieferer Schichten beim Empfänger – Tiefe gemessen am vorgeschichtlichen und biologischen Alter der Zeichenrepertoires und der Wahrnehmung.

Das fließende Übereinander der Kodes läßt sich bereits in einfachen respektive einsträngigen Texten aufzeigen. Ich möchte solche semantische Schichtung anhand eines Beispiels (siehe Bild auf der linken Seite) darlegen. Das Bild nimmt den Betrachter zunächst über den biologischen Kode gleich in zweifacher (und in sich gegenläufiger) Hinsicht in Beschlag: die sexuellen Signale – wie übrigens auch das angeschnittene Brot – stehen für das Lebenserhaltende, wogegen das Messer – in Verbindung mit nackter Haut – das Lebensbedrohende darstellt. Der Haltung der Hände (archaischer Kode) ist die gleiche Ambivalenz eigen. In den kategorialen Kode fügt sich der Gestus des Brotschneidens. Durch die Gemination von Brust und Brot wird der Status Ernährerin (Urmutter) hervorgehoben, wobei das Archetypische auch mit der vom flexiblen Kode her vorgenommenen Beschränkung auf eine Naheinstellung ohne Gesicht (also ohne Individualisierung) betont ist.

Die Überlagerung der verschiedenen Kodes in der audiovisuellen Darbietung kann also im Sinne einer gegenseitigen Verstärkung erfolgen, mag aber auch gelegentlich – wie mögliche Überlagerungen des archaischen und konventionalen Kodes zeigen – Widersprüchlichkeit zum Ausdruck bringen, z.B. dort, wo Gestik und Gesichtsausdruck nonverbal dementieren, was eine sprechende Person vor der Kamera verbal artikuliert.

Die Kombination von (Informations-)Strängen

Außer durch Überlagerung von Kodes in einsträngigen Texten findet Bedeutungskonstituierung auch durch Kombination von verschiedenen bedeutungstragenden Elementen oder Strängen, wie ich sie nenne, statt. Erst also durch die Zusammenfügung dieser Stränge (das »Flechten« des »textum«) entsteht der semantische Gehalt der Aussage, wobei sich die Zeichensysteme Bild und Wort in ihren spezifischen Leistungen (vgl. S. 52–60) ergänzen.

Ausgehend von der Tradition der Drehbuchdarstellungen – Bild auf der linken Seite, Ton rechts – habe ich bereits in *Kulturtechnik Fernsehen: Analyse eines Mediums* (1989) ein Grundschema des Gesamttextes vorgelegt. Die Bezeichnung Text ist zunächst über die beiden Kanäle Sehen und Hören respektive Bild und Ton hinweg angelegt und erfährt dann eine allmähliche Einengung über die Zeichensystene Bild, Wort und Ton bis hinunter zu den technischen Formen.

In der folgenden Tabelle (siehe S. 143) wird dieses Konzept noch weiter ausgebaut. In dieser nachgeführten Darstellung soll unter anderem durch die gestrichelten Linien angedeutet werden, daß zum Teil fließende Übergänge zwischen den verschiedenen formalen Erscheinungsweisen bestehen.

Bereits ein Bildtext kann zwei- oder mehrsträngig geführt werden, zum Beispiel mit gesplittetem Bildschirm. Beim gedruckten Bild ist zu unterscheiden zwischen der mehrsträngigen Variante, die im selben Bildrahmen mehrere visuelle Stränge aufweist, und einer Bild-Abfolge, zum Beispiel auf derselben Druckseite, die nicht als Nebeneinander, sondern als Nacheinander zu lesen ist.

Kanalübergreifend	Audiovisueller Text							
Kanäle	Visueller Text					Auditiver Text		
Zeichensysteme	Bildtext				Worttext		Tontext	
					Schrifttext	Sprechtext		
Technische Formen	Realbild RB-Text		Generiertes Bild GB-Text		Alphanumerische Zeichen	Gesprochenes Wort	Musik	Geräusch
	RB Stehbild	RB Bewegtbild	GB Stehbild	GB Bewegtbild	AN-Text	S-Text	M-Text	G-Text

Der Begriff der Zwei- und Mehrsträngigkeit bezieht sich zunächst auf reine Bildtexte. Sobald zum Bild ein Informationsstrang aus einem anderen Zeichensystem (Wort oder Ton) beigefügt wird, beispielsweise Titel oder Legende, werden andere semantische Verhältnisse geschaffen.

Die möglichen Beziehungen zwischen beispielsweise Bildtext und Worttext sind allerdings sehr vielfältig und bedürften ihrerseits wieder einer besonderen Darstellung (vgl. Muckenhaupt 1986). Was das audiovisuelle Medium betrifft, sei auf die Ausführungen in den Kapiteln 15 und 17 verwiesen.

Teil III
Bildkompetenz

Die aus den ersten beiden Teilen gewonnenen Erkenntnisse werden nun im Sinne von Fertigkeiten gebündelt. Bildkompetenz weist wie andere Kulturtechniken eine rezeptive und eine produktive Dimension auf. Entsprechend wird Bilderlesen und Bilderschreiben getrennt behandelt und zudem auf das Lesen und Schreiben von Gesamttexten ausgeweitet, der Verbindung also von Bild und Wort.

Am Schluß darf die grundsätzliche Frage nach dem Bild nochmals neu gestellt werden, indem die bis dahin erfolgten Darlegungen summiert und in einer Gesamtschau zusammengefaßt werden.

14 Bilder lesen

Ein Bild lesen heißt, seine Bedeutung ermitteln. In diesem Kapitel soll der Interpretationsprozeß in seiner ganzen Ausdehnung beschrieben werden.

Bild-Erschließung

Über alle bisherigen Bedeutungsebenen hinweg kann die Bildentschlüsselung in drei Phasen vor sich gehen.

Subjektive Bedeutung

In den Kapiteln 4 bis 12 wurden neun Bedeutungsebenen unterschieden und hernach als Kodes zusammengefaßt. Wenn dort von Bedeutung die Rede war, handelte es sich stets um die bestehende Bedeutung des visuellen Textes. Noch zu berücksichtigen bleibt nun die subjektive Bedeutung für den einzelnen Betrachter. Was über die subjektive Wahrnehmung der primären Wirklichkeit gesagt wurde (vgl. »Sehen und Bedeutung«, S. 40), gilt mutatis mutandis auch für das Betrachten eines Bildtextes. Den »Anteil des Betrachters« nennt Ernst H. Gombrich (1984) die subjektive Wahrnehmung (vgl. auch Watzlawick und Krieg 1991). Aus der Persönlichkeit des Wahrnehmenden und der jeweiligen Situation ergibt sich ein besonderer semantischer Niederschlag.

Exemplarisch wurden solche Bedeutungen in den *Wahrnehm-Geschichten* des Südwestfunks nebeneinandergestellt. Das Bild *Der Herbst* von Giuseppe Arcimboldo wird von verschiedenen Personen betrachtet:

Moderator als »Kunstgeschichtler«
Der Herbst aus dem Zyklus *Die Vier Jahreszeiten* von Giuseppe Arcimboldo, 1527–1593, Hofmaler der Kaiser Ferdinand I., Maximilian II. und Rudolf II. zu Prag. Das Bild mag um etwa 1563 entstanden sein. Der aus den verschiedenen Früchten des Herbstes zusammengesetzte männliche Kopf,

Arcimboldo, Der Herbst, *als Objekt verschiedener Betrachtungsweisen.*

den man auch als anthropomorphes Stilleben bezeichnen kann, verweist in seinen philosophischen, metaphysischen und spielerischen Grundzügen auf die Kunstrichtung des Surrealismus in unserem Jahrhundert ... blablablablabla.

Moderator als »Gärtner«
Höi, kehr in die Kisse, dat is ja toll! Gucke mal da! Herrlich! Alles wat et im Garten im Herbst so zu mampfen gibt, ne. Hier, da de Äppel, de Birnen, Trauben schöne. Au, wat hängt denn da runte? Dat, dat da? Ja, dat is, dat is Beifuß is das, jau, hö, Beifuß! Und da, Eßkastanien, schön, schön, ja. Et is ja – da fehlt was drauf, ne irgendwat, also – Kartoffeln! Ja natürlich, da hätten doch Kartoffeln beigehört. Ne ne ...
    Regisseur (off). Hallo, Sie! Gärtner!
    »Gärtner«: Jau?
    Regisseur (off): Gucken Sie doch mal genauer hin! Das ist 'n Kopf.
    »Gärtner«: Wat? Kopp? Ou, jaujaujau, gewalsa, hä. Jo, ich hab mich schon gewundert, warum, warum allet so durcheinander drauf is.

Moderator als »Werbemanager«
Jenau! Det is jenau det Plakat, wat ick jesucht habe, ja? Der goldige Herbst im sonnigen Südtirol. In seinen Früchten ist die Glut des Weines gefangen. Wunderbar, wunderbar. So ähnlich, ja. Bacchus, der Gott des Weines, wird Sie persönlich begleiten. Dat drucken wir alles noch 'n bisschen farbenfroher, und dann is det de Knüller, ich sag et euch, toll, janz toll.

Moderator als »Ökologe«
Donnerlittchen! Das ja man gediegen, ne? Das sind ja noch richtige Rüben, die sehen aus wie von Acker, und nicht wie aus der Fabrik. Und ungespritztes Obst mit Flecken, nich so 'n hochgezüchtetes Zeug, ne, wo eine Birne aussieht wie die ander, und Äppel, die alle gleich schmecken, ne. Ist ja man auch 'n uraltes Bild, da gab's ja noch gar kein Kunstdünger, ne. Da hat ja noch alles geschmeckt, wie's schmecken soll, ne. Und nich wie heute Wasser mit künstlichem Aroma, ne.

Moderator als »Jogger«
Hmm, Klasse! Vitamine!

Die subjektive Bedeutung liegt für einen Betrachter am nächsten. Die Assoziationen oder, wie die semiotische Fachsprache sagt, Konnotationen werden durch das Bild unmittelbar ausgelöst. Im Hinblick auf eine Methode der Bildbetrachtung wäre es deshalb unangemessen, solche persönlichen Reaktionen zu Gunsten einer »objektiveren« Deutung zurückzustellen. Ein subjektiver Auslauf ist notwendig, damit der Betrachter in einer zweiten Phase für erweiterte und andere Bedeutungszusammenhänge offen bleibt (Doelker 1989, 198).

Inhärente Bedeutung

Der Begriff »inhärent« will sagen, daß möglichst alle semantischen Möglichkeiten, die dem Text innewohnen, gesehen werden. Dabei darf unberücksichtigt bleiben, was vom Bildmacher als Bedeutung anvisiert wurde; diese beabsichtige Bedeutung wird in einem dritten Schritt erschlossen. Die inhärente Bedeutung ist in ihrem Umfang die größtmögliche und geht sowohl über die subjektive als auch über die beabsichtigte Bedeutung hinaus.

Von den neun Bedeutungsebenen gehören zur inhärenten Bedeutung:

Spontane Bedeutung: Es gilt abzuschätzen, inwieweit Auffälligkeit der Darstellung, wilde Bewegung, Hektik nur als Mittel zur Erzielung von Aufmerksamkeit und Zuschauerbindung oder als inhaltliche Botschaft eingesetzt werden. Wie aus dem biologischen Kode bekannt, gehören Inhalte wie Sexualität und Gewalt zu den Insinuierungsstrategien. Kommen hinzu die nonverbalen Ausdrucksformen Mimik, Gestik und Körperhaltung: Der archaische Kode macht ein Bild nicht eindeutiger, wie das Lächeln der Mona Lisa exemplarisch belegt. Er kann aber die Aussagekraft eines Bildes bündeln, wie beispielsweise *Der Schrei* von Edvard Munch.

Feste Bedeutung: Wenig semantischen Spielraum läßt der konventionale Kode. Allerdings ist dabei vorausgesetzt, daß der Bildleser über den entsprechenden Schlüssel verfügt, was unter Umständen aufwendige ikonographische Recherchen erfordert.

Artikulierte Bedeutung: Aus dieser Ebene erwächst die semantische Fülle eines Bildtextes, wie sie sich anhand des als Checkliste zu benutzenden Kapitels 9 ergibt. Die Beschreibung des Bildes umfaßt zunächst seine inhaltliche Seite, das Lexikalische: Inventarmäßig oder – wie der Fachausdruck lautet – im Sinne einer Denotation wird genannt und aufgezählt, welche Gegenstände oder (bei einem ungegenständlichen Bild) welche unterscheidbaren Konfigurationen zu sehen sind. Es folgt die Beschreibung der formalen Seite (Flexion), des Bildaufbaus (Syntax) und weiterer formaler Modalitäten (Modus, Tempus, Stil).

Latente Bedeutung: Die dargestellten Gegenstände und Strukturen lassen sich in ihrer Bedeutung kaum auf ihre vordergründig denotatorische Erscheinungsweise beschränken, sondern es schwingen symbolische Resonanzen mit, wie dies unter dem Stichwort »kategorialer Kode« formuliert wurde. Ein solcher genereller semantischer »Hof« kann sogar in die Hauptbotschaft des Bildes umschlagen.

Intertextuelle Bedeutung: Eine Resonanz mag sich außer aus der gegenständlichen und strukturalen Symbolik auch aus der Eigengesetzlichkeit eines Genres und den genretypischen Gepflogenheiten ergeben (vgl. »Kulturelle Obertöne«, S.133).

Somit ergibt sich die inhärente Bedeutung eines Bildes als das Ergebnis einer vollen semantischen Entfaltung der visuellen Gestaltungsmittel. Sie ist dem jeweiligen visuellen Text eigen und damit auch unabhängig von anfänglichen einschränkenden Intentionen des Bildmachers. Die inhärente Bildbedeutung ist also – es sei wiederholt – mehr als die beabsichtigte Bildbedeutung. Auch in diesem Sinne ist ein Bild mehr als ein Bild. Die selbständige umfassende Bedeutung eines Bildes ist übrigens durchaus legitim, da vom Bildspezifikum der offenen Bedeutung ausgegangen werden muß.

Intendierte Bedeutung

Die weiteren fünf der früher besprochenen Ebenen sind dienlich bei der Ermittlung der beabsichtigten Bedeutung.

Deklarierte Bedeutung: In der Regel lassen Titel und Legende des Bildes die Absicht des Autors erkennen und schränken so die Botschaft ein. Vielleicht gibt es weitere Aussagen des Autors oder Künstlers, welche die Bildabsicht verdeutlichen.

Transtextuelle Bedeutung: Weitere Angaben sind der Zeitpunkt der Herstellung des Bildes (auch in Beziehung zu den Lebensdaten eines Künstlers oder Autors) und Hinweise aus dem biografischen und zeitgeschichtlichen Hintergrund.

Funktionale Bedeutung: Von der biografischen oder zeitgeschichtlichen Folie läßt sich möglicherweise die Funktion des betreffenden Bildtextes herleiten (zum Beispiel ein bestimmter Auftrag), sofern diese nicht aus der Legende ersichtlich ist. Bei der funktionalen Bedeutung ist mit zu berücksichtigen, daß zwei oder mehrere Funktionen gleichzeitig angezielt werden können.

Kontextuelle Bedeutung: Bei der allmählichen Einkreisung des beabsichtigten Signifikats ergibt sich eine Kontrollmöglichkeit aus den anderen

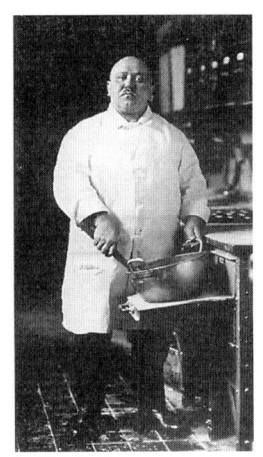

Texten desselben Autors. Wiederkehrende Motive oder Macharten bilden Anhaltspunkte für eine richtige Interpretation.

Intertextuelle Bedeutung: Schließlich besteht die Möglichkeit, daß der Autor bewußt ein Zitat oder eine Anspielung einsetzt, die Aufschluß über die beabsichtigte Bedeutung geben können.

Anhand des bereits angeführten Bildes »Metzger« (vgl. S. 59) seien im Sinne eines Beispiels die drei Phasen kurz durchgespielt. Die *subjektive* Bedeutung ist konsequenterweise der Leserin und dem Leser überlassen. Die Äußerungen von Versuchspersonen gehen von Anforderungen des Metzgerberufs über Hygiene, Vegetarismus bis hin zu Rinderwahnsinn. Auch die jeweilige Situation des Nutzers, etwa der Zeitpunkt vor oder nach einer Mahlzeit, läßt je nachdem als Reaktion Hunger oder Sattheit aufkommen.

Zur *inhärenten* Bedeutung: Es fällt die Blickverbindung zum Betrachter und damit die Zeigehandlung auf. Dies spricht für eine absichtsvolle Form der Präsentation, möglicherweise für die Push-Funktion zur Promotion eines Produkts, einer Firma oder eines Selbstbildes. Eine lexikalische Aufzählung läßt neben der dargestellten Person auch die Räumlichkeiten und technischen (ziemlich veralteten) Einrichtungen erkennen. Der Akteur erscheint in der Halbtotalen; durch seine helle Berufskleidung hebt er sich vom dunkeln Hintergrund, offenbar dem Kühlraum, deutlich ab. Weder vom äußeren Rahmen noch vom Gegenstand der Handlung, dem Parade-Fleischstück, läßt sich Modus oder Textsorte ableiten; es kann sich genausogut um einen Dokumentarfilm wie um einen Spielfilm handeln. Beim Abfragen auf intertextuelle Bezüge wird man an Porträts von bestimmten Berufen erinnert, wie sie schon in der Frühzeit der Fotografie gemacht wurden (Bild links: August Sander, *Konditor*).

Die *intendierte* Bedeutung läßt sich leicht eruieren, wenn das Medium zur Hand ist, dem das Bild entnommen wurde. Auf weitere zu diesem Bild gehörende Dokumente verweist die Darstellung von übereinanderliegenden Fotografien.

Das Metzger-Bild ist Teil einer fotografischen Illustration des Jahresberichts der Schweizerischen Radio- und Fernsehgesellschaft 1992, die veranschaulichen soll, daß die elektronischen Medien aus dem Alltag nicht wegzudenken sind (weiteres Beispiel Bild links). Die eigentliche Bedeutung des Metzger-Bildes erschöpft sich also im unscheinbaren Radioempfänger in der rechten oberen Bildecke. Biologischer Kode (Fleisch als Nahrungsquelle) und archaischer Kode (auf den Betrachter ausgerichtete Gestik und Mimik) bewirken zunächst eine andere semantische Gewichtung und lenken so vom »nebensächlichen Hauptgegenstand« ab.

Bildbeurteilung

Mit dem Lesen geht meistens eine Bewertung oder Beurteilung einher, insbesondere im Hinblick auf die Qualität eines Bildtextes.

Bild-Qualität

Eine Qualitätsbeurteilung muß sich auf Kriterien stützen können. Deren vier stehen im Vordergrund: Gültigkeit, Verständlichkeit, Stimmigkeit, Vertretbarkeit.

Gültigkeit: Wenn ein Bild Realität wiedergeben soll, kann im Hinblick darauf nach seiner Wahrheit gefragt werden. Handelt es sich um eine gültige Wiedergabe einer bestehenden Wirklichkeit, um eine – in erkenntnistheoretischer Perspektive – zutreffende Aussage?

Verständlichkeit: Ist die Botschaft visuell so formuliert, daß sie im intendierten Sinn nachvollzogen werden kann? Wurde mit der Gestaltung auf Wahrnehmungs- und Lesegewohnheiten und das visuelle Repertoire der Zielgruppe Rücksicht genommen?

Stimmigkeit: Dieses Kriterium betrifft die formale Seite des Bildtextes. Sind die Bildbesonderheiten ausgeschöpft (vgl. »Besonderheiten von Wort und Bild«, S. 52)? Ist die visuelle Artikulation stringent und konsistent (vgl. auch die zehn Kodierungsregeln in Kapitel 17 »Gesamttexte schreiben«, S. 157)? Läßt sich beim Bild handwerkliches Können und technische Qualität erkennen? Genügt die Gestaltung ästhetischen Gesichtspunkten?

Vertretbarkeit: Philosophisch ausholend soll, nach dem Rückgriff auf Erkenntnistheorie (Gültigkeit) und Ästhetik (formale Gelungenheit), die ethische Verantwortung angesprochen werden. Wird durch das Bild ein einzelner oder eine Gruppe oder eine Institution verunglimpft, werden die Gefühle von Lesern verletzt? Wird durch das Bild Schaden angerichtet?

Bild-Literarität

Ein Aspekt der Qualitätsbeurteilung ergibt sich aus der Frage nach der Literarität des Bildes, den Voraussetzungen also, denen ein Bild genügen muß, um den Status von Kunst beanspruchen zu dürfen. Der Begriff *Literarität* ist nicht zu verwechseln mit Literalität als »deutsche« Entsprechung zu *literacy* = »Lesekompetenz«. Literarität wird gelegentlich auch

Hiroshi Sugimoto, Seascape. *Das Ästhetische als Erfahrung der Tiefe.*

als »Literarizität« bezeichnet. Dank welcher »Verschiebung«, »Asynchronität«, »Brechung«, »Verfremdung« gelingt einem Produkt der Quantensprung in die Kunst? Beispielsweise fand die Benetton-Werbung mit dem Sujet des sterbenden Aids-Kranken Eingang in Museen für Moderne Kunst. Auch Pressefotos können mitunter mit einem Schlag in den (Museums-)Adel aufgenommen werden. Ohne den aussichtslosen Versuch unternehmen zu wollen, Kunst zu definieren, seien einige Kriterien aufgezählt, auf die rekurriert werden kann (vgl. Doelker 1983).

Technisches und handwerkliches Know-how: Griechisch bedeutet *téchnē* sowohl »Technik« als auch »Kunst«. In der Alltagssprache heißt dies: »Kunst kommt von Können«. Das technische Know-how umfaßt Materialkenntnis, die Fertigkeit, mit diesem Material umzugehen, und auch die Beherrschung von entsprechenden formalen Regeln.

Innovation: Jede Art der Kunstherstellung erschöpft sich, wird abgenutzt. Auch der Künstler selbst befindet sich in einem Entwicklungsprozeß, der dem eigenen Œuvre gegenüber immer wieder Erneuerungen abverlangt.

Relevanz: Das Kunstwerk soll relevant, das heißt, kultur-, geistes- und ideengeschichtlich bedeutsam sein. Es muß das Gefühl wecken, daß die Welt ohne diese Schöpfung ärmer wäre.

Repräsentativität: Die Bedeutung, die das Produkt für den Künstler aufweist, sollte auch eine gewisse Repräsentativität für die Zeit und die Gesellschaft, in der er lebt, beanspruchen oder für eine künftige Gesellschaft vorwegnehmen können.

Symbolhaftigkeit: Die Gesamtaussage des Produkts, in seiner technischen Realisierung, in seiner innovativen Kraft, in seiner Relevanz und in seiner Repräsentativität, sollte einmünden in Übertragbarkeit und Allgemeingültigkeit. Solche Symbolhaftigkeit ergibt sich zum Teil erst für die nachfolgende Generation. Daß spätere Jahrhunderte auf sie betreffende Bedeutungsschichten stoßen, beweist die künstlerische Qualität.

Bleibende Wirkung: Ein Kunstwerk wirkt gefühlsmäßig auf den Betrachter. Diese Gefühle können von Beglückung und Entzückung über Beruhigung und Serenität bis zu Irritation und Protest reichen.

Bildbewältigung

Es gibt Bilder – etwa im Porno- und Brutalobereich – mit einer nachhaltig negativen, ja traumatischen Wirkung, insbesondere auf Kinder und Jugendliche. Solche gravierenden Eindrücke können nicht einfach weggeschoben und verdrängt werden. Es bedarf hier eines therapeutischen Zugriffs, zum Beispiel mit dem Instrumentarium, welches das neurolinguistische Programmieren (NLP) bereithält (vgl. Bachmann 1991). NLP befaßt sich systematisch mit den sensorischen Prozessen, ihrer Beschreibung und Veränderung. Dieser Zugriff auf die Wahrnehmungssysteme erlaubt eine Hebelwirkung im therapeutischen Sinne.

NLP unterscheidet Bildkonstituenten oder Elemente von optischen Erscheinungen ähnlich wie einzelne Lehrgänge der visuellen Gestaltung, zum Beispiel das Verhältnis von Betrachter und Gegenstand, Entfernung und Perspektive, die Bewegtheit des Bildes und den Bildinhalt. Wichtig sind vor allem die veränderbaren Größen, wie Entfernung, Schärfe, Helligkeit, Farbe, Kontrast. Aufgrund dieser Veränderbarkeit sind heilende Eingriffe möglich. Sukzessive soll die Größe, das Tempo, die Farbigkeit, wodurch ein Bild Eindruck macht, zurückgenommen werden. Solche Strategien sind auch unter dem Stichwort »Bildschirmmethode« bekannt geworden: Ein bedrängendes Bild wird auf einen fiktiven Bildschirm transferiert und auf diesem Bildschirm mit den klassischen Methoden der Bildveränderung gedämpft und ausgeblendet. Zum Beispiel wird die Farbe in Schwarz-weiß umgeschaltet und der Bildinhalt weggezoomt. Optische Eindrücke, die man nach Art einer subjektiven Kamera erlebte, werden auf andere Kamerastandpunkte umgeschnitten, so daß eine Betrachtung von außen ihre Wirkung relativiert. Durch Ausschalten des Bildschirms soll versucht werden, die Wahrnehmungsinhalte zu löschen.

15 Gesamttexte lesen

Die Zweisinnigkeit (visuell und auditiv) und/oder Mehrsträngigkeit von Texten stellt besondere Anforderungen an die Wahrnehmung.

Phylogenetischer Rang kontra semantische Wertigkeit

Die unwillkürliche Inanspruchnahme des Blicks wird durch eine Art phylogenetische Rangliste der Reize gesteuert. Dabei gilt:

- Bewegte vor unbewegten Inhalten
- Inhalte der primären Bedürfnisse vor Inhalten der sekundären Bedürfnisse
- Auffällig vor neutral
- Visuell vor verbal

Albert Plécy (1971) nennt solche possessiven Teile eines Bildes »les points forts«. Beim mehrsträngigen Text, der nicht einer natürlichen Wahrnehmungssituation entspricht, werden diejenigen Informationsstränge die Aufmerksamkeit auf sich ziehen, die in der phylogenetischen Rangliste oben figurieren. Dies ist in der Regel das rasch bewegte Bild oder die rasant geschnittene Bildsequenz vor dem gesprochenen Wort. Entsprechend wendet sich der Fernsehzuschauer dem Bildstrang zu und riskiert dabei, den gesprochenen Text zu überhören. Aus solchem Befund ergibt sich das immer wieder festgestellte Teilverstehen und vor allem Scheinverstehen von Fernsehdarbietungen.

In Gegensteuerung zur phylogenetischen Prägung muß der Betrachter lernen, die Aufmerksamkeit von den buchstäblich attraktiven Punkten der Darbietung (lateinisch *attrahere* = anziehen) auf die weniger attraktiven, aber möglicherweise informativeren Teile des Textes zu richten. Mit anderen Worten: Er muß lernen, seine Wahrnehmung zu dekonditionieren.

Selbstgesteuerter Blick versus fremdgesteuerter Blick

In Gesamttexten des Fernsehens und insbesondere in Informationssendungen, wo der Inhalt der Information nicht von vorhandenem Filmmaterial abhängig gemacht werden kann und deshalb bald der Bild-, bald der Wortinformation erste semantische Wertigkeit zukommt, muß der Medienkonsument über eine integrale Erfassung beider sensorischer Kanäle in der Lage sein, zu orten, in welcher Modalität der wichtigere Teil der Information angelegt ist, um dann dieser ersten Wertigkeit auch eine vorrangige Aufmerksamkeit einräumen zu können. Fernsehwahrnehmung muß demnach »mäandern« lernen (vgl. Doelker 1979, 56ff.; 1989, 209ff.). Wenn man, grob vereinfachend, die Angleichung der Fernsehwahrnehmung an die üblichen Angebote umschreiben will, kann man sagen, daß man lernen soll, fern*sehen* zu *hören*.

Wider das Versehen beim Fernsehen

Bei der Kulturtechnik Fernsehen geht es also auf der rezeptiven Seite zunächst darum, über eine Dekonditionierung eine angemessene Hierarchisierung der Informationsstränge vorzunehmen. Im weiteren gilt es, zu einer richtigen Einschätzung des Bildstatus, also insbesondere der funktionalen Bedeutung der verwendeten televisuellen Bilder zu gelangen. Weiter oben (vgl. S. 23) wurde auf die Gepflogenheit von Fernsehstationen hingewiesen, zur Illustrierung von aktuellen Ereignissen auf Archivbilder – oft nicht als solche deklariert – zurückzugreifen. Ein besonders bekannt gewordenes Beispiel war die Verwendung eines ölverschmutzten Kormorans in der Berichterstattung aus dem Golfkrieg.

Um solche televisuellen Texte angemessen zu verstehen, sollten deshalb die Zuschauerinnen und Zuschauer mögliche Statuswechsel gewärtigen und folglich Realbilder nicht notwendig als Spurbilder, sondern auch als Schaubilder, Zierbilder und Füllbilder lesen. Man kann nicht genug betonen, daß die technische Form Realbild in keiner Weise zwingend für Realität steht. Es ist also darauf zu achten, sie nicht durch falsches Sehen, »versehentlich«, für ein Realitätssignal zu halten.

16
Bilder schreiben

Für die folgenden Abschnitte trifft besonders zu, was schon einleitend gesagt worden ist: Es kann nicht darum gehen, zu den zahlreichen bestehenden Anleitungen zur visuellen Gestaltung in Konkurrenz zu treten, sondern es gilt, ein Ordnungsprinzip zur Diskussion zu stellen, um die bestehenden Anleitungen und Anregungen sowie die theoretischen Vorgaben dieses Buches strukturiert auswerten und umsetzen zu können.

Freie Gestaltung

Ausgangspunkt sei einmal nicht Lascaux oder Altamira, sondern ein schlichtes Blatt Papier. Ein Blatt, das »von seiner Weiße verteidigt wird«, wie der französische Symbolist Mallarmé formulierte. Dann kommen Pinsel und Farbe; es entsteht ein Bild, eine Gestalt tritt aus dem Weiß.

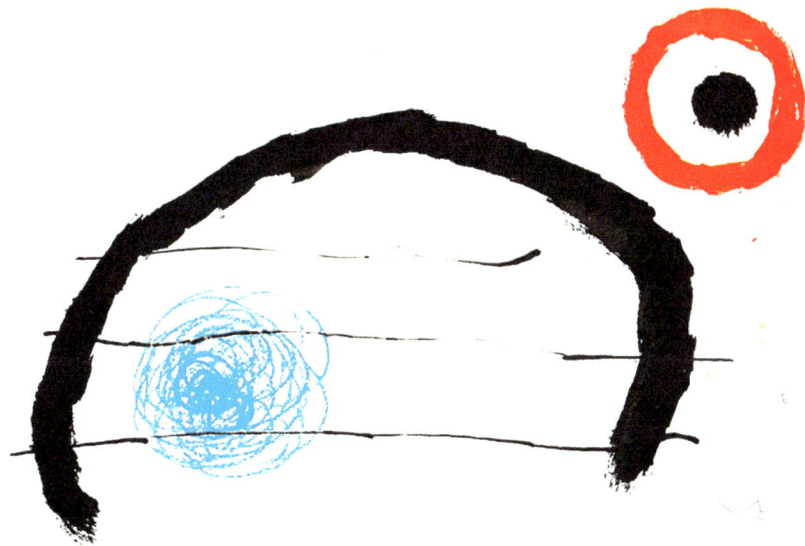

Weißes Blatt als Ausgangslage für Kreativität (Joan Miró).

Freie Gestaltung meint zunächst freie Entfaltung von Kreativität, unabhängig von Vorgaben der Wirklichkeit oder Kunst. Sie betrifft nicht nur das Kreieren mit Mal-, Zeichen- und Computertechniken, sondern jede Art von Bildschöpfung. Besonders zu erwähnen sind Inszenierungen und Aktionen im Hinblick auf das Endprodukt Fotografie, Film, Video und Fernsehen.

Abbildung

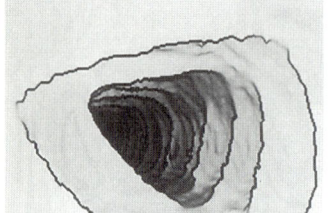

Abbildung durch neue Bildgebungsverfahren: Darstellung des Dickdarmes mittels Magnetresonanztomografie (Jörg F. Debatin).

Gegenstände und Ereignisse in der Realität werden im Bild festgehalten: als optische oder elektronische Aufzeichnung oder als Zeichnung »nach der Natur«. Daß ein solches visuelles Abbild ein flacher phänomenologischer Abklatsch oder eine Verdeutlichung der optischen Vorgabe sein kann, wurde früher ausgeführt. Entscheidend ist die Ähnlichkeit des Abbildes mit der Vorlage, und hier gibt es verschiedene Grade der Similarität (vgl. S. 129).

Gemäß dem in Kapitel 9 vertretenen Ansatz ist hierbei auf folgendes zu achten:

Lexikon: Ist bei der Wiedergabe im Bild vorhanden, was repräsentativ ist für die intendierte Aussage? Ist das inhaltlich Relevante im Bild enthalten (Auswahl)? Sind störende Elemente vorhanden, die nicht zur Aussage des Bildes gehören und von der intendierten Bedeutung ablenken?

Flexion: Wird der relevante Gegenstand (Inhalt) in der angemessenen Einstellungsgröße, in der richtigen Perspektive, im richtigen Licht gezeigt?

Syntax: Sind die einzelnen Sets (»Sätze«) oder Informationsstränge logisch (inhaltslogisch, raumlogisch, zeitlogisch, diskurslogisch, formlogisch, leselogisch) zu einem Text zusammengefügt?

Transkodierung

Mandalapalast: Computerumsetzung von schriftlichen tibetischen Quellen (Martin Brauen).

Mit dem Zeichensystem Verbalsprache können beliebige Sachverhalte dargestellt werden. Während unsere Aufmerksamkeit in diesem Unterkapitel verbalsprachlichen Aussagen gilt, die ein Geschehen oder eine Handlung bereits so konkret für ein geistiges Auge beschreiben, daß sich der Vorgang genausogut als Bild formulieren läßt, so wird im Unterkapitel »Visualisierung« gezeigt, wie schwer verständliche, abstrakte Sachverhalte in eine leichter faßbare visuelle Sprache übertragen werden können (vgl. S. 162).

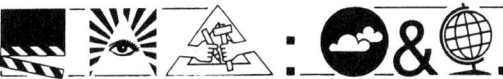
Am Anfang schuf Gott Himmel und Erde.

Und die Erde war wüst und leer,

und es war finster auf der Tiefe,

und der Geist Gottes schwebte auf dem Wasser.

Und Gott sprach: Es werde Licht!

Und es ward Licht.

Und Gott sah, dass das Licht gut war.

Da schied Gott das Licht von der Finsternis

und nannte das Licht Tag

und die Finsternis Nacht.

Da ward aus Abend und Morgen der erste Tag.

Und Gott sprach: Es werde eine Feste zwischen den Wassern,

die da scheide zwischen den Wassern.

Und es geschah so.

Und Gott nannte die Feste Himmel.

Da ward aus Abend und Morgen der zweite Tag.

Und Gott sprach:

Es sammle sich das Wasser unter dem Himmel an besondere Orte,

dass man das Trockene sehe.

Und es geschah so.

Piktogramm-Bibel: Überwindung von Babylon?

Endlich aber sank das Mädchen ganz auf den kleinen Rechenmeister nieder, und die Kinder schliefen ein in der Mittagssonne.

(Romeo und Julia auf dem Dorfe)

Aber sie gingen nur einige Schritte und standen wieder still, um sich bequemer zu umschlingen und zu herzen.

(Romeo und Julia auf dem Dorfe)

Ernst Würtenberger, Holzschnitte zu Gottfried Kellers Novelle Romeo und Julia auf dem Dorfe.

Vom Wort zum Bild

Eine Transkodierung wird beispielsweise bei der Verfilmung eines literarischen Werkes vorgenommen. Aber auch die künstlerische Illustration eines Worttextes nimmt eine solche – wenn auch nur punktuelle – Übersetzung vor. Bei einem Bilderbuch ist – wie bei einem Spielfilm oder Fotoroman – die Umsetzung durchgehend. Manchmal ist sogar der visuelle Text der primäre, wie es auch literarische Texte gibt, die erst später – ebenfalls als Transkodierung – als Buch des Films geschrieben wurden. Allerdings: Eine verbale Vorstufe zum Film gibt es in der Regel immer – das Drehbuch. Bei einer solchen Umsetzung kommen die Spezifitäten der beiden Kodes zum Tragen. Ein Satz wie: »Der Mann geht auf das Haus zu« ist abstrakt. Was für ein Mann es ist, wie er geht und wie das Haus aussieht, zeigt das konkrete Bild. Dieses Bild ist Sache des Regisseurs (vgl. Stromeyer 1991).

Das Bild beim Wort genommen

Bildlichkeit der Verbalsprache und Sprache der Bilder schließen sich normalerweise aus. Es sind zwei verschiedene Modalitäten von Bildlichkeit. Im Hinblick auf besondere Effekte lassen sie sich bisweilen verknüpfen.

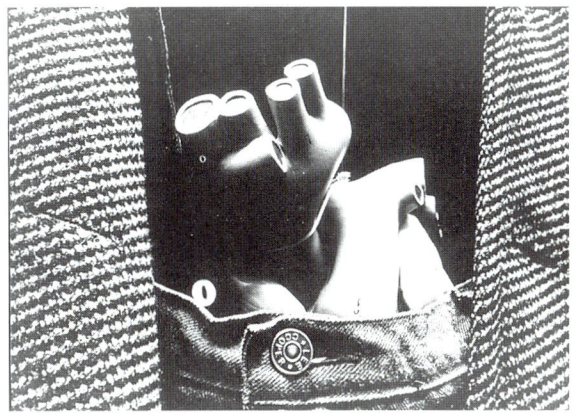 

Links: »Das Herz fiel ihm in die Hose.«
Rechts:»Bald mußte er ins Gras beißen« (Friedrich Kappeler).

So hat der Schweizer Filmemacher Friedrich Kappeler im Film *Es Hundeläbe* stehende Redensarten als Stationen eines Lebensweges zusammengefügt, beginnend mit: »Er erblickte das Licht der Welt, wo sich die Füchse und Hasen gute Nacht sagen« bis zu »Er befand sich auf dem absteigenden Ast und bald mußte er ins Gras beißen«. Hier macht die »wörtliche« Wiedergabe der verbalsprachlichen Bildlichkeit Sinn: Die Redensarten sollen die Klischeehaftigkeit des Lebens bewußt machen, und ein solches unauthentisches Leben wird als »Hundeleben« bezeichnet.

Ebenfalls zum Prinzip erhoben ist die »wörtliche« Auslegung von bildlichen Redensarten in einer Werbekampagne der *Neuen Zürcher Zeitung*. Ein Begriff, sozusagen das Schlüssel-»Bild«, wird im verbalsprachlichen Text weggelassen und plakativ als Bild formuliert. Bemerkenswert an der Gestaltung ist dabei, daß das konkrete Bild durch eine Silhouette derart verallgemeinert wird, daß es sich einem Schriftzeichen annähert.

Dem Wort das Bild reden: Werbung für die Neue Zürcher Zeitung (Wirz Werbeberatung AG).

Umriß als Reduktion auf das Wesentliche (Ted Scapa).

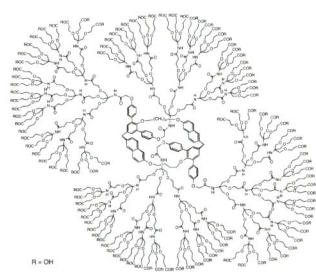

Schema einer makromolekularen Verbindung (Dendrimer. Vgl. S. 74) (Peter Wallimann).

Visualisierung

Mit Visualisierung bezeichnet man die Verfahren, die abstrakte Inhalte in eine anschauliche Form überführen. Dabei kommt vorzugsweise ins Bild, was an latenter visueller Struktur schon angelegt ist oder was an visuellen Merkmalen zugelegt werden kann. Wir unterscheiden dabei logische Bilder, rhetorische Figuren, die Prinzipien der Zuordnung (Attribuierung) und sekundären Motivierung.

Logische Bilder

Logische Bilder veranschaulichen primär nicht-sichtbare Elemente und Zusammenhänge. Ihr Stil ist in der Regel »konsonantisch«: Sie bestehen meistens nur aus Strich und Fläche. Helligkeitsstufen und Farben nehmen meist nicht Bezug auf natürliche Helligkeits- und Farbwerte, sondern sind kodiert (vgl. Schön 1969; Weidenmann 1991).

Zu einem besseren Verständnis logischer Bilder kann folgende Kategorisierung beitragen:

Imitative Schemata

Das Schema ist mit der Wahrnehmung eng verbunden: Zum Erkennungskode (vgl. S. 45) gehören Schemata der sichtbaren Dinge. Ein Schema ist eine Kurzfassung, eine Abbreviatur eines Gegenstandes, das die Wesensmerkmale aufweist. Mit Schema ist immer, auch bei größtmöglicher Abstraktion, eine imitative Repräsentation gemeint: eine Übereinstimmung zwischen der Physiognomie des Gegenstandes und dem Zeichenkörper.

Relationale Schemata: Beziehungen

Während beim imitativen Schema die Räumlichkeit des Gegenstandes mit der grafischen Repräsentation übereinstimmt, wird im relationalen Schema lediglich eine vorgestellte Räumlichkeit zum Ausdruck gebracht: zum Beispiel eine Gegenüberstellung. Ein zeitliches Nacheinander kann als räumliches Nebeneinander oder Untereinander dargestellt werden. Im relationalen Schema werden vor allem inhaltliche Bezüge ausgewiesen. Die einzelnen Inhalte sind in der Regel verbalsprachlich kodiert (Schrift), durch einen Rahmen als Einheiten deutlich gemacht und durch entsprechende Anordnung und Verbindungslinien miteinander in Beziehung gesetzt. Auch sogenannte Mind maps und tabellarische Zusammenstellungen ordne ich dem relationalen Schema zu.

Diagramme: Von der Zahl zum Bild

Numerische Angaben bieten sich geradezu an, in visuelle Darstellungen umgegossen zu werden. So können Zahlenwerte in Kurven oder Balken umgesetzt werden. Prozentuale Anteile lassen sich durch Aufteilung zum Beispiel eines (Kreis-)Ganzen veranschaulichen. Je nachdem, ob ein, zwei oder drei Parameter gebraucht werden, besteht ein solches Diagramm aus Strecken, Flächen oder Volumina.

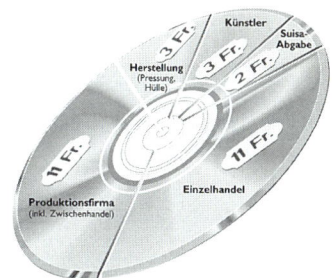

Prozente in Flächen umgelegt: Kostenstruktur bei einer CD-ROM.

Pläne und Karten

Eine besondere und rigiden Regeln folgende schematische Darstellung von Wirklichkeit finden wir in Plänen und Karten. Besonderheiten sind zum Beispiel der große Maßstab und die konsequent angewandte Perspektive – »flächen- bzw. winkeltreu«. Die letztere kann durchbrochen werden, wenn zum Beispiel in einem Stadtplan touristische Sehenswürdigkeiten in Seitenansicht reduktionistisch abgebildet werden. Bei Landkarten aus früheren Jahrhunderten ist diese Vermengung von Perspektiven und pikturalen Elementen üblich. In der modernen Kartografie werden reduktionistische analoge Elemente – zum Beispiel die Form von Seen oder der Verlauf von Flüssen – kombiniert mit Diagrammen (zum Beispiel Höhenkurven, Isothermen etc.) und Symbolen, die als nicht-imitative Zeichen in der Legende der Karte erklärt werden müssen.

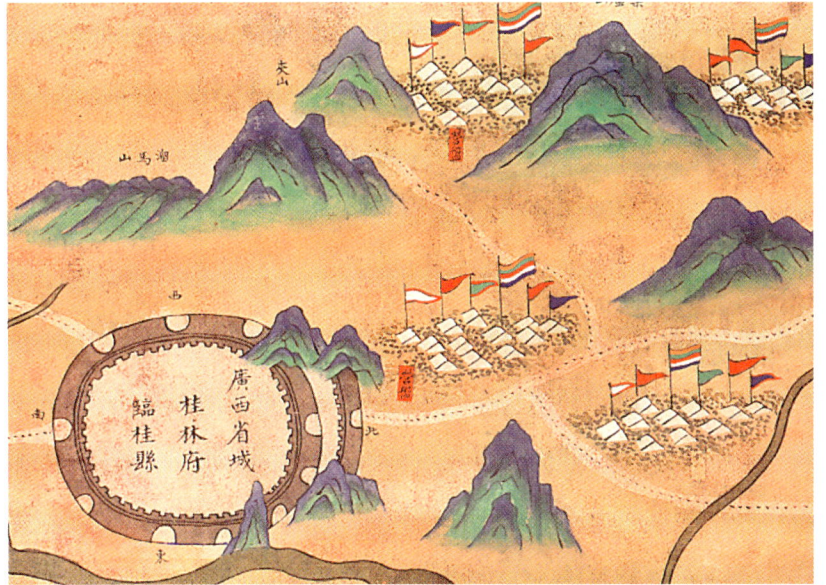

Kartografie: Zeichen in möglichst komprimierter und prägnanter Form. Militärischer Lageplan, Südchina (19. Jahrhundert).

Rhetorische Figuren

Auch wenn für einen bestimmten Sachverhalt keine originär optische Ausgangslage besteht, ist zu überlegen, ob sich nicht Aspekte dingfest machen lassen, die eine Verräumlichung und damit Umsetzung ins Bild möglich machen. Hierzu besonders geeignet sind rhetorische Figuren. Hier wird der Versuch gemacht, diese rhetorischen Figuren und *topoi* von der verbalen Sprache auf Bildsprache umzulegen (vgl. Senn und Steiner, 1997).

Metonymie

Metonymische Bilder sind in Fernsehsendungen sehr beliebt. Wenn der erörterte Gegenstand oder die fragliche Person als Bild nicht zur Verfügung steht, werden Gegenstände aus dem Kontext, bestimmte Örtlichkeiten aus dem Lebensumfeld stellvertretend abgebildet.

Bei verweigerten Interviews, nicht verfügbaren Verlautbarungen anläßlich politischer Konferenzen ist die Kameraeinstellung auf die geschlossene Türe ein beliebter metonymischer Ersatz. Selbst wenn dabei der visuelle Nachrichtenwert nicht hoch ist, wird doch eine Annäherung an eine Person oder an ein Ereignis über das Umfeld vorgenommen. Begriffe wie Jah-

Pars pro toto. Links: Die vier Jahreszeiten *(Salvador Dalí). Rechts:* Die vier Elemente *(Bruno Blum).*

reszeiten werden metonymisch mit einem Blatt oder einem Baum dargestellt.

Metapher
Die Metapher stellt aufgrund einer Ähnlichkeit eine Bedeutungsübertragung zwischen Sachverhalten her, die aus verschiedenen thematischen Bereichen stammen. Es handelt sich um einen Vergleich, bei dem das *tertium comparationis* meistens unerwähnt bleibt. Eine in Computerprogrammen verbreitete Metapher ist die Schreibtisch- und Bürowelt, welche den Umgang mit elektronischen Dokumenten der vertrauten »Oberfläche« der Arbeitssituation im Alltag angleicht.

Gut zu wissen, den richtigen Partner zu haben.

ZÜRICH LEBEN

Bildliche Übertragung: Blühender Baum für blühende Partnerschaft mit blühendem Unternehmen. Werbung für eine Lebensversicherung (Knaus & Knaus).

Hyperbel: Didaktische Übertreibung.

Hyperbel
Die Hyperbel bringt einen Sachverhalt durch Übertreibung zum Ausdruck. Eine offensichtliche Übertreibung vermag gleichzeitig Aufmerksamkeit zu wecken wie einen Einzelaspekt hervorzuheben.

Antithese
Ein Sachverhalt wird in kontrastierender Gegenüberstellung dargeboten. Die rhetorische Figur der Antithese ist in ihrem Auftritt zwar dialektisch, stellt aber als – oft nur impliziten – dritten Schritt die Synthese in Aussicht. Eine visuelle Gegenüberstellung bietet sich vor allem für Situationen wie »vorher – nachher«, »richtig – falsch« usw. an.

Antithese: Gegensätze ziehen den Blick an (Advico, Young & Rubicam).

Mit 25 dachte Susanne, sie würde Mao ein Leben lang treu bleiben.

Für alle, die älter werden.

Repetition

Eine Steigerung der Bildidee wird durch Wiederholung erreicht.

Attribuierung

Bei den bisherigen Umsetzungen in ein Bild gab es stets eine Art natürliche Verbindung zwischen dem Inhalt und dem Bild: bei Repräsentationen eine direkte und bei den rhetorischen Figuren eine indirekte. Nun trifft man auch Bildelemente, die keinerlei Bezug zum eigentlichen Sachverhalt haben. Es lassen sich zum Beispiel auf einer Karte einzelne Länder oder die Verbreitung von Religionen durch bestimmte Farben oder die Ausbreitung der Zecke oder der Tollwut durch Schraffuren veranschaulichen. Einfache geometrische Figuren, wie Kreis, Dreieck, Quadrat, können in didaktischer Funktion zur Kodierung eines Ablaufs oder als Signet für ein Produkt verwendet werden. Auch einzelne Gegenstände oder Tierfiguren werden im Sinne von Attributen und Emblemen von Unternehmen annektiert, so der Tiger von Esso, das Krokodil von Lacoste. Der Kodieraufwand ist natürlich kleiner, wenn Beiordnungen gemacht werden, die eine metonymische »Brücke« aufweisen, wie die Verbindung einer bestimmten Blattform mit einer Gartenbaufirma.

Die Beiordnung von Bildern kann weiter ausgreifen und statt eines einzelnen »Wappentieres« ganze Landschaften umfassen und mit einem Produkt verbinden. So hat Marlboro das Monument Valley und die Cowboy-Szene annektiert.

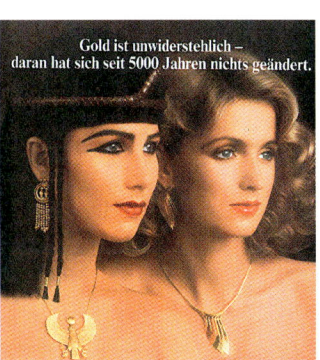

Mit Gemination eine Aussage nachdoppeln.

Auftritt mit beigeordnetem Kennzeichen. Platanen-Blatt als Firmenflagge für eine Gartenbaufirma.

Sekundäre Motivierung

Vom Unterschied von motivierten und unmotivierten Zeichen war früher die Rede (vgl. S. 51). Ungegenständliche Piktogramme und Schriftzeichen sind unmotiviert; ihre Bedeutung ist durch Beiordnung, allerdings im Sinne einer verbindlichen Konventionalisierung, geregelt. Schrift ist abstrakt; soll sie auffallen und mit etwas Konkretem, einem Produkt, einer Dienstleistung oder einer Firma verbunden werden, gibt es Möglichkeiten einer sekundären Motivierung: Die Schriftzeichen werden mit visualisierender Bildlichkeit aufgeladen. Dadurch wird der »tote« Buchstabe zur Lebendigkeit des Bildes erweckt, Unverwechselbarkeit gewonnen und die Merkbarkeit gesteigert.

Umgießen von Schrift in Gegenstände: Tags in Flaschenform (Coca-Cola).

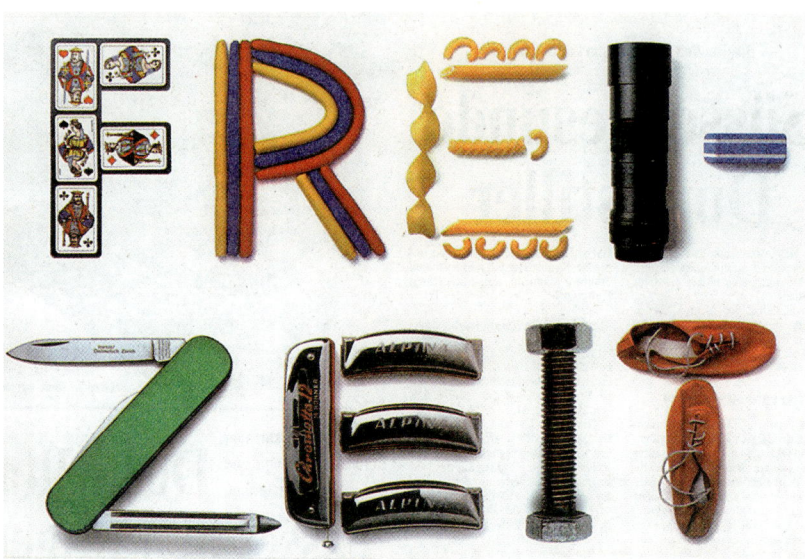

Buchstaben für ein bestimmtes Produkt »motiviert«: Kurse der Erwachsenenbildung (Klubschule Migros).

Zwei Trichter wandeln durch die Nacht.
Durch ihres Rumpfs verengten Schacht
fließt weißes Mondlicht
still und heiter
auf ihren
Waldweg
u. s.
w.

Anordnung von Schrift als Abbild eines Gegenstandes (Christian Morgenstern, Die Trichter*).*

Solche sekundäre Aufladung mit Bildlichkeit wird zum Beispiel beim Erstleseunterricht nutzbar gemacht, etwa indem ein großes B als Bett dargestellt wird.

Da Eigennamen, die ja häufig auch für Firmennamen stehen, ebenfalls austauschbar sind, wird das Unverwechselbare des Auftritts in Verbindung mit Produkt oder Dienstleistung ausgemalt.

Eine spezielle Kunst der sekundären Motivierung von alphanumerischen Zeichen wird in den sogenannten Kalligrammen gepflegt (siehe das Gedicht *Die Trichter* von Christian Morgenstern).

17 Gesamttexte schreiben

In diesem Kapitel soll die Gestaltung von Bildeinzeltexten und Bildfolgen auch in Verbindung mit Wort und Ton behandelt werden. Es geht also – über das Einzelbild hinaus – um die Herstellung von zusammenhängenden Bildtexten und um die Kombinierung von Bildern mit nicht-visuellen Informationssträngen.

Kodierungsregeln

1. Bedeutungs-Regel

Jedes im Gesamttext als distinkt wahrnehmbare Element ist im Hinblick auf Bedeutung einzusetzen.

In einer visuellen Darstellung sollten deshalb nicht »belanglose« Einzelheiten mitlaufen, und bei Fotografien und Filmaufnahmen ist darauf zu achten, daß »überflüssige« Details oder solche, die von der Aussage der betreffenden Einstellung ablenken, weggelassen werden.

Auch für die Herstellung von Bewegtbildern gilt, daß Gestaltungselemente nur verwendet werden sollten, wenn sie einen entsprechenden Sinn machen, einen Schwenk also nur ausführen, wenn die betreffenden zwei Inhalte miteinander verbunden werden müssen; eine Kamerafahrt nur veranstalten, wenn Näheres »erfahren« werden soll.

2. Implikations-Regel

Beim Einsatz von einzelnen Gestaltungsmitteln ist stets zu bedenken, daß damit auch eine Ad-hoc-Kodierung, das heißt eine für den ganzen Textkorpus geltende Koppelung eines formalen Elements mit einer bestimmten Bedeutung, impliziert wird. Anders gesagt, eine Einzelmaßnahme wird sofort als Eröffnung eines Prinzips gelesen.

3. Konsequenz-Regel

Eine einmal vorgenommene Kodierung (Schrift, Symbol, Form, Farbe etc.) sollte im Textkorpus beibehalten werden. Man sollte nicht einmal für dies und ein andermal für jenes die gleiche Schriftart oder Farbe verwenden.

4. Affinitäts-Regel

Bei der Koppelung einer Bedeutung mit einem formalen Element ist darauf zu achten, daß nach Möglichkeit zwischen den beiden Größen eine Affinität, ein innerer Zusammenhang besteht.

Eine Gartenbaufirma wird beispielsweise mit Vorteil als Logo ein Blatt oder einen Baum wählen; das visuelle Zeichen erhält so eine gewisse Motiviertheit, was dem Rezipienten ein spontanes Verstehen und ein besseres Erinnern ermöglicht.

5. Konsistenz-Regel

Müssen mehrere Bildzeichen festgelegt werden, empfiehlt es sich, eine entsprechende Konsistenz durchzuhalten. Es sollten also durchgehend entweder imitative Zeichen oder Symbole mit Buchstaben oder rein formale Piktogramme angewendet werden.

6. Anlehnungs-Regel

Bestehenden (externen) Kodierungen ist beim Einbezug in neue Texte Rechnung zu tragen.

Es darf nicht außer acht gelassen werden, daß gewisse Bildzeichen, zum Beispiel Piktogramme, Bestandteile eines allgemeinen konventionalisierten visuellen Kodes sind und sich somit, wie die Lautkörper der Wörter, nicht in anderer Bedeutung verwenden lassen. Es sollten keine semantischen Dissonanzen entstehen. Ein in bestimmtem grafischen Stil dargestellter angebissener Apfel oder ein in bestimmter Ausrichtung dargestelltes Krokodil wird man kaum von Apple oder Lacoste lösen können.

Die Besetzung von bestimmten Rollen in Spielhandlungen kann unter Umständen durch bestehende feste Zuordnungen beeinflußt werden; so dürfte Horst Tappert kaum für eine *Hamlet*-Inszenierung in Frage kommen – zu sehr wird er mit der Rolle des Derrick identifiziert.

7. Resonanz-Regel

Latente, zum Beispiel symbolische Bedeutungen sollten in ihrer semantischen Grundströmung übernommen werden; Kodierungen »gegen den Strom« gilt es zu vermeiden.

Dies trifft für Grundfiguren wie Kreis (Symbol u.a. für Vollkommenheit), Quadrat (Symbol u.a. für Ganzheit) und für bestimmte Gegenstände zu (etwa ein Hufeisen für Glück, welke Blätter für Vergänglichkeit). Auch Strukturen, wie Anordnung untereinander (Kategorisierung, Hierarchisierung, Unterstellung), Anordnung nebeneinander (Vergleich, Gegensätze wie richtig und falsch, Abfolgen wie vorher und nachher), groß versus klein (wichtig versus unwichtig) sollten in Übereinstimmung mit ihrer »natürlichen« Bedeutung verwendet werden.

8. Stil-Regel
Mit einer bestimmten Gestaltung wird nicht nur ein Kodierungsprinzip, sondern auch ein Stil gesetzt, der für die Länge des Gesamttextes beibehalten werden sollte. Gerade in stilistischer Hinsicht erwartet der Rezipient eine gewisse Kontinuität. Stilbrüche werden vom Rezipienten als empfindliche Abweichungen von einer korrekten Gestaltung empfunden.

9. Hierarchisierungs-Regel
Werden zwei oder mehrere technische Formen oder Informationsstränge gleichzeitig verwendet, sollte die Hierarchisierung der Bedeutung (semantische Wertigkeit) mit der »phylogenetischen Rangliste« übereinstimmen. Das bewegte Bild oder rasche Schnitte sollten nur eingesetzt werden, wenn die gleichzeitige verbale Aussage von untergeordneter Bedeutung ist; das auffällige Element in einem Bild nur, wenn ihm bedeutungsmäßig ein Vorrang gegenüber den unauffälligen Bildteilen zukommt.

10. Konvergenz-Regel
Bei gleichzeitiger Verwendung von zwei oder mehreren technischen Formen respektive von verschiedenen Informationssträngen sollte man sich bewusst sein, daß durch die formale Zusammenfügung ein inhaltlicher Zusammenhang geschaffen wird. Ebenso ist zu vermeiden, daß irreführende Bezüge entstehen.

Daß zusammengefügte formale Elemente »automatisch« inhaltlich aufeinander bezogen werden, läßt sich demonstrieren, wenn man ein Laufbild mit einem Sprechtext oder einer Musik unterlegt: Man stellt unvermeidlicherweise den Bezug zwischen Wort und Bild, Bild und Musik her.

Dieses reflexartige In-Beziehung-Setzen von formalen Elementen spielt

Badekleid für Bootsflüchtlinge

(ap) Ein Badeanzug, den *Marilyn Monroe* in dem Film *«There's No Business Like Show Business»* («Rhythmus im Blut») trug, ist in London für rund 9000 Franken versteigert worden. Die Auktion wurde von der Organisation *«Rock gegen Repatriierung»* veranstaltet, die kürzlich vom Gitarristen der Musikgruppe *«Genesis»*, *Steve Hackett*, gegründet worden war. Der Erlös, insgesamt 30 000 Franken, soll vietnamesischen Bootsflüchtlingen in Hongkong zugute kommen.

Oben: Titel als Legende mißverständlich. Nicht der Badeanzug von Marilyn Monroe dient Bootsflüchtlingen, sondern der Erlös aus der Versteigerung des Badeanzugs (Badener Tagblatt, 3.3.1990).

Oben rechts: Infolge des Titels des Ratgeber-Beitrags wird der Berater fälschlicherweise als Betroffener wahrgenommen.

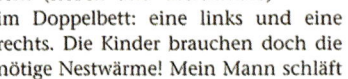

Meine Töchter schlafen bei mir

Daniel Bischof

Lieber Dr. Bischof

Immer wieder lese ich in Zeitschriften, dass Kinder nicht in ihren Betten schlafen wollen. Ich schlafe mit meinen Töchtern (sieben und dreieinhalb) im Doppelbett: eine links und eine rechts. Die Kinder brauchen doch die nötige Nestwärme! Mein Mann schläft keine absolut richtige Erziehung gibt. Erziehen ist ja gerade deshalb so schwierig, weil man sie nicht aus dem Lehrbuch lernen kann. Was vielmehr gefragt ist, ist die Flexibilität, sich immer wieder auf neue Situationen einzustellen.

Eine Erziehungsperson sollte genau beobachten können, was das Kind beschäftigt, und sich allenfalls in ihrem

bei der Gestaltung von Gesamttexten in Printmedien eine wichtige Rolle. Es ist also darauf zu achten, daß herausragende Grafikelemente wie große Schrift (Titel) und Bilder zusammenpassen. Da ein Titel als Legende für ein dominant in Erscheinung tretendes Bild gelesen wird, entsteht nicht selten eine unzutreffende Gesamtaussage.

Die Ausrichtung auf den Empfänger

Der Kommunikator, der Produzent von Gesamttexten, ist zunächst mit dem beschäftigt, was er sagen will. Wenn ihm aber daran liegt, daß der Text auch ankommt, daß die Aussage im intendierten Sinn gelesen, rezipiert wird, gilt es von Anfang an, sich in die Lage des Adressaten zu versetzen. Der Kommunikator sollte so etwas wie eine Rolle als Ko-Rezipient wahrnehmen. Nur so gelingt der Verständigungsprozeß, ist doch Information nicht, wie gemeinhin angenommen wird, der gesendete Text, sondern konsequenterweise erst der rezipierte Text: nämlich das, was der Empfänger verstanden hat.

Dazu sind Maßnahmen nötig, die man – Hertha Sturm folgend – als »zuschauerfreundliche Mediendramaturgie« bezeichnen kann. An anderer Stelle (Doelker 1989, 226–231) habe ich die entsprechenden Anforderungen unter den Stichworten »Angemessenheit«, »Stimmigkeit«, »Transparenz (der Mittel)« und »Empathie« zusammengefaßt. Der im deutschen Sprachraum aus der Psychiatrie stammende Begriff der Empathie ist in der Kommunikationsbranche positiv aufgenommen, aber nicht unbedingt befolgt worden. Sich in den Empfänger hineinversetzen heißt auch, das Interesse von sich selbst, von seinem Ego, auf den Rezipienten zu verlegen; es ist eine dienende Haltung, die einzunehmen wäre. Zu oft aber wird die Rolle des Produzenten noch so verstanden, daß er sich selber produziert.

Eine partnerschaftliche Einstellung gegenüber dem Abnehmer setzt voraus, daß man mit redlichen Mitteln arbeitet und Inhalte nicht in Mogelpackungen anbietet – den Konsumenten nicht mit Ankündigungen und (leeren) Versprechungen hinhält, seiner Aufmerksamkeit nicht mit einem Griff in die phylogenetische Trickkiste für Belanglosigkeiten in Anspruch nimmt, ihn nicht mit hektischer visueller und verbaler Geschwätzigkeit strapaziert. Wichtig ist auch, daß man den Medienkonsumenten nicht unterfordert, noch wichtiger, daß man ihn nicht unterschätzt.

Dazu gehört auch, ihm nicht reine Passivität zu unterstellen. Auf die Aktivitäten bei der Rezeption wurde verschiedentlich aufmerksam gemacht, insbesondere durch die Forschungen von Hertha Sturm (1991). Man darf dem Medienkonsumenten mit Fug auch eine produktive Rolle attestieren und ihn als Produzenten von Metatexten, von eigenen Textunikaten zu den massenmedial dargebotenen Texten ansprechen (vgl. Doelker 1989, 208–210).

Der Produzent sollte sich um Eindeutigkeit insbesondere dort bemühen, wo wegen der bildeigenen Polysemie eine Bedeutung unbestimmt bliebe. Hier liegt es bei ihm, die nötigen Metatexte von seiner Seite zu liefern; dazu gehören beispielsweise Anweisungen, wie Bilder wahrgenommen werden müssen, Deklarierungen des Status (zum Beispiel Archivbilder, gestellte Szene etc.).

Die Wahl der formalen Mittel

Vom Inhalt her wird zu entscheiden sein, ob mit einem Einzelmedium auszukommen ist oder ob eine multimediale Lösung ins Auge gefaßt werden soll. Die Produktion eines Medienpakets, zum Beispiel aus Film, Diapositiven, gedrucktem Text, läßt als sekundäre Möglichkeit immer offen, daß diese Medien auch zu einem Multimedia-Computerprogramm zusammengefügt werden.

Die Medienwahl richtet sich nach den spezifischen Leistungen der einzelnen Medien. So bietet sich für eine detailreiche Abbildung von unbewegten Inhalten das Diapositiv an. Für bewegte Abläufe sind Filmsequenzen das adäquate Mittel. Erlebnisorientierung läßt sich wirksam durch spielfilmartige Darbietungen erreichen, bei denen auch Musik eingesetzt wird.

Innerhalb der gewählten Medien sind die Spezifitäten der verwendeten Zeichensysteme Wort, Bild und Ton sowie die Eigenheiten der Kodes zu berücksichtigen. Zum Beispiel läßt sich Aufmerksamkeit bewährterweise mit dem biologischen Kode erzielen. Da allerdings die meisten Medien mit diesen Mitteln auffällig sein wollen, bedarf es zusätzlicher Strategien.

Zur Etablierung von Gestalt und Herstellung von Prägnanz ist insbesondere der kategoriale Kode mit seinem archetypischen Auftritt geeignet.

Wenn man sich für eine tragende Person entscheidet, läßt sich der archaische Kode einsetzen: Mimik, Gestik. Eine Figur als Anchor-woman oder Anchor-man führt durch das Thema. Diese fernsehtypische Form kann auch für andere Medien gewählt werden, wie das in Comicform geschriebene Buch *Comics richtig lesen* zeigt (McCloud 1994). Bei der Wahl einer realen Person sind bestehende Kodierungen (Anlehnungs-Regel, Bindung an bestimmte Rollen oder Produkte) zu bedenken.

Die Verständlichkeit der Aussage ist durch den konventionalen Kode zu sichern, und durch die ästhetischen und dramaturgischen Möglichkeiten des flexiblen Kodes läßt sich das Interesse aufrechterhalten und ein günstiges Rezeptionsklima schaffen.

Unter den formalen Mitteln ist schließlich der Stil zu nennen. Die Wahl des Stils sollte gleichermaßen dem Gegenstand, der Botschaft und der Zielgruppe angemessen sein. So will beispielsweise die schweizerische Telecom durch ihre Werbung im Stil von Fotoromanen eine jüngere Leserschaft ansprechen. Ein gutes Beispiel für den unterschiedlichen Einsatz von grafischem Stil bieten *Spiegel* und *Focus*.

Das multimediale Texten

Multimediales Texten meint die Formulierung von Gesamttexten und Hypertexten. Als Vorstufe dazu muß man von »multikodalem« Texten sprechen, da es darum geht, Bild, Wort und Ton im Sinne der spezifischen Leistungen und der zehn Kodierungsregeln (vgl. S. 169) zu verwenden. Dieses Gesamtinstrumentarium läßt sich zunächst aufteilen in raumgebundene Texte (Stehbilder und Schrifttexte) und zeitgebundene Texte (Stehbilder mit Ton, inklusive gesprochenes Wort, Bewegtbilder ohne und mit Ton, inklusive gesprochenes Wort).

Raumgebundene Texte

Zwar läuft das Lesen eines gedruckten Textes in der Zeit ab, aber weil Zeit, Tempo, Rhythmus, Wiederholung und Pause im Ermessen des Lesers liegen, ist in der Tat nur der Raum vorgegeben, während in den zeitgebundenen Medien auch die Zeit gesetzt ist. Die zehn Kodierungsregeln sind für das Gesamttext-Repertoire formuliert, für raumgebundene und zeitgebundene Medien.

Eine spezifische Anwendung für raumgebundene Texte wurde bei der Konvergenz-Regel behandelt. Dabei ist insbesondere dem kategorialen Kode im Sinne von Raumsemantik Rechnung zu tragen. Die inhaltliche Ordnung beruht vor allem auf der Gliederung, der Herstellung von Zusammenhängen und der Hierarchisierung. Was zusammengehört, soll auch entsprechend zusammenhängend dargestellt werden.

Die Hierarchisierung läßt sich durch Größenordnungen ausweisen, zum Beispiel durch die Schriftgröße. Überordnung oder Unterordnung können ebenfalls durch die räumliche Anordnung veranschaulicht werden. Dem Layout kommt damit die wichtige Funktion zu, die gedankliche Struktur durch entsprechende räumliche Ordnungen zu repräsentieren.

Zeitgebundene Texte

Der Anordnung im raumgebundenen Text entspricht die Gliederung des zeitgebundenen Gesamttextes durch formale Elemente, leitmotivisch wiederholte und variierte Bilder, grafische Elemente oder Schrifttafeln. Im gedruckten Text wird die Gliederung bewährterweise durch Titel vorgenommen. In audiovisuellen Produktionen macht man leider von Zwischentiteln (die in ein Stehbild hineinkopiert sein können) zu wenig Gebrauch; doch gerade in der zeitabhängigen Darbietung (Bewegtbild) erleichtern sie dem Rezipienten die Orientierung.

Gemäß der Konvergenz-Regel werden in der Medienwahrnehmung der visuelle und der auditive Kanal unweigerlich aufeinander bezogen. Ich unterscheide dabei eine enge und eine weite Bild-Wort-Relation (Doelker 1989, 190–196). In der engen Bild-Wort-Verbindung nehmen Bild und Wort inhaltlich direkt aufeinander Bezug. In der weiten Bild-Wort-Verbindung besteht inhaltlich ein Zusammenhang, aber Bildstrang und Wortstrang übernehmen über eine kurze Strecke hin eine relativ eigenständige Aussage. Der Rang von Bildstrang und Tonstrang sollte sich nach der Wertigkeit der zu transportierenden Bedeutung richten.

Das Konzept eines Gesamttextes (als Selbstläufer) kann auch vorsehen, daß nur einem Kode die erste semantische Wertigkeit zukommt. Auf Stufe Makrostruktur muß entschieden werden, ob der Gesamttext bei einer durchgängigen Wertigkeit vorrangig aus einem Bildteil (zum Beispiel reine Bildreportage) oder einem Worttext (zum Beispiel Nachrichtensendung) besteht. Von dieser Wertigkeit hängt die Steuerung der Information ab: Entweder tritt das Wort dem vorrangigen Bild nachgeordnet auf, oder der Bildteil fungiert nur als begleitende Unterstützung des dominanten Worttextes. In Bildreportagen, die vornehmlich mit registrativen und mimetischen Bildern arbeiten, wird das Wort als Kommentar nur begleitend eingesetzt. Ist die Hauptaussage durchgehend wortsprachlich formuliert, dient das Bild im Sinne von explikativen oder phatischen Bildern nur als visuelle Unterstützung.

Die multimediale Produktion umfaßt auch die Herstellung von verschiedenen Sprachfassungen und verschiedenen Kommentar-Versionen je nach Zielgruppen (Jugendliche, Erwachsene, Medienschaffende). Solche Varianten lassen sich leichter herstellen, wenn die erste Wertigkeit durch den Bildstrang eingenommen wird (Funktion der Abbildung). Im Bereich der Veranschaulichung (Visualisierung) mag es notwendig sein, je nach Zielgruppe eine andere bildsprachliche Formulierung zu wählen. Eine zielgruppenspezifische Differenzierung gelingt auch durch Metatexte (des Kommunikators).

Interaktive Texte
Bereits der früher verwendete Begriff des Hypertextes setzt als Hypermedia-Basis ein »Warenhaus von Texten, Tönen, Bildern, Filmen und Animationen« voraus (Issing und Klimsa 1995, 155), auf das der Nutzer greifen und woraus er sich Texte nach eigener Wahl zusammenstellen kann. Die Grundbedeutung von *texere* wird hier – entsprechend erweitert – abermals ausgeschöpft. Die Bewegungen des Nutzers (zum Beispiel Informationsanfragen, Verbindungen zwischen vorhandenen Wissensknoten) werden zwar über primär verbalsprachliche Strukturierung der gespeicherten Inhalte geführt, sekundär, in der Praxis des Navigierens, aber weitgehend durch Bildzeichen *(icons)* gesteuert. Beim Arbeiten mit Programmen für Bildtexte, zum Beispiel für die Erstellung von Layouts, Bildbearbeitung, Videoschnitt, Vertonung, mögen vor allem die Ausführungen in den Kapiteln 9, 16 und 17 von Nutzen sein.

18 Ein Bild ist mehr

Eine Bildtheorie wäre nicht vollständig, wenn die grundsätzliche Frage nach der Natur des Bildes nicht abschließend gestellt würde; dies vor allem im Hinblick auf die Abgrenzung der visuellen Information von anderen optischen Erscheinungsformen.

Was ist ein Bild?

Auf die Frage »Was ist ein Bild?« antwortet W. J. T. Mitchell mit einem Spektrum, das von grafischen über optische und perzeptuelle bis zu geistigen und sprachlichen Bildern reicht (Mitchell 1990, 20ff.).

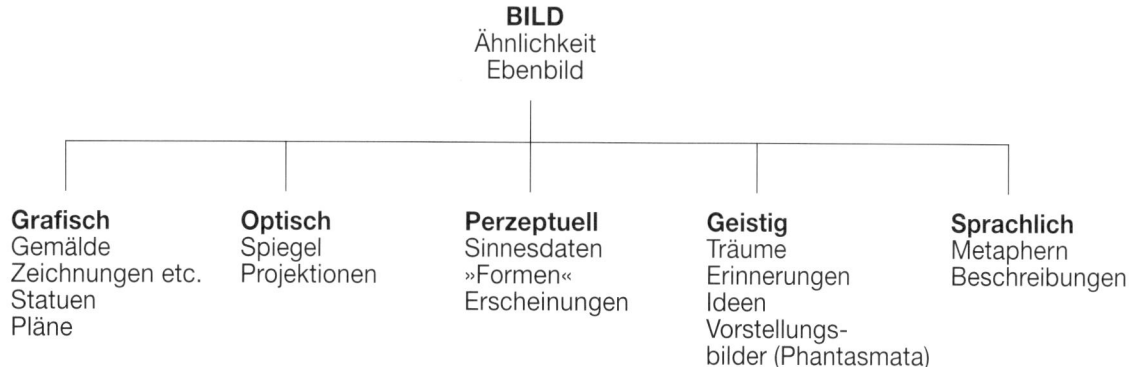

Mitchell ordnet die entsprechenden Disziplinen bei:
- Grafische, plastische und architektonische Bildlichkeit: Kunstgeschichte
- Optische Bildlichkeit: Physik
- Perzeptuelle Bilder: Physiologie, Neurologie, Psychologie, Kunstgeschichte
- Geistige Bildlichkeit: Psychologie, Erkenntnistheorie
- Sprachliche Bildlichkeit: Literaturwissenschaft

Daß die Amplitude der Bildlichkeit diesen Umfang aufweist, hängt natürlich auch mit dem Begriff Bild in der deutschen Sprache zusammen. Aufschlußreich ist deshalb, wie im Französischen Bild definiert wird. In seinem in Vorbereitung befindlichen *Dictionnaire de l'image* führt Pierre Noël vier Kategorien an:

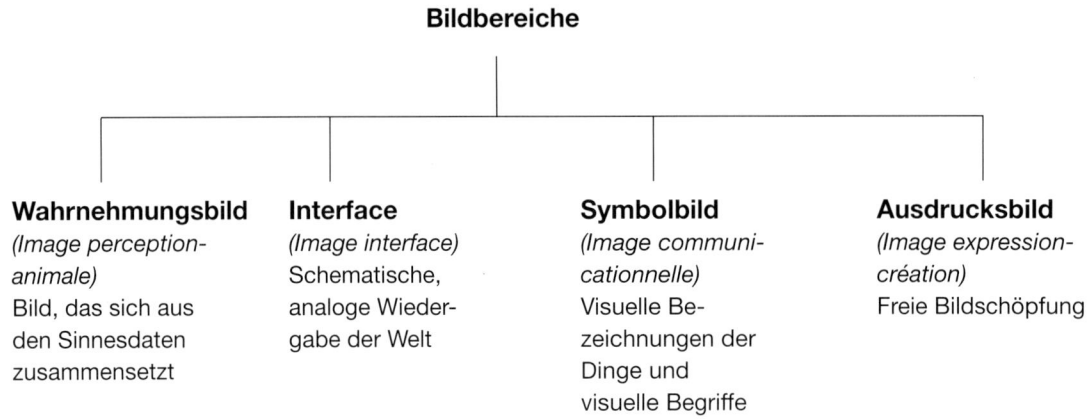

Man kann die beiden Systematisierungen nicht deckungsgleich übereinanderlegen. Daraus wird offensichtlich, daß die Größe Bild nicht sozusagen »von Natur aus« gegeben ist.

Eine Möglichkeit, das, was Bild ausmacht, zu beschreiben, läßt sich aus einer kunstgeschichtlichen Perspektive ableiten, die Variationen der Negierung von Bild im Konzept des Anti-Bildes bereithält.

Ungegenstand, Anti-Bild

Über Jahrtausende war die Einrichtung Bild mit der Vorstellung verbunden, damit die Wirklichkeit nachzubilden. Zumindest waren Inhalte des Bildes Gegenstände, die aus der Realität bekannt waren. Wenn wir den Bereich der ornamentalen Kunst außer Betracht lassen, erfolgte ein radikaler Bruch in der Darstellung von gegenständlichen Inhalten erst in unserem Jahrhundert, mit der – bezeichnenderweise so genannten – ungegenständlichen Kunst. Entsprechend hilflos reagierte damals das Publikum, das durch die »abstrakten« Inhalte überfordert war. Das Ungegenständliche wurde schließlich zu reiner Gegenstandslosigkeit entwickelt und erreichte 1915 in Kasimir Malewitschs *Schwarzem Quadrat auf weißem Grund* seine konsequente Ausprägung, die nur noch, ebenfalls von Malewitsch, durch die drei Jahre später entstandene Schöpfung *Weißes Quadrat auf weißem Grund* übertroffen werden konnte. Mit diesem Bild, auf dem sich das dargestellte Quadrat lediglich durch eine kaum wahrnehmbare Änderung des Pinselstrichs vom Hintergrund abhebt, wird eine Grenze erreicht, jenseits derer es, wie Malewitsch glaubte, keine Malerei mehr geben könne: »Diese Grenze jedoch stellt in seiner Sicht gleichzeitig auch den höchsten Ehrgeiz der Kunst dar, da sie die materielle Präsenz des Bildes in geistige Präsenz verwandelt« (*Knaurs Lexikon der modernen Malerei* 1982, 188).

Solche Grenzen von Bildern sind für Bildermacher stets eine neue Herausforderung.

1991 fand in Wien im Museum des 20. Jahrhunderts eine Ausstellung von Nicht-Bildern statt. Die beiden Ausstellungsmacher Wolfgang Drechsler und Peter Weibel erklärten: »Sie bilden auf radikale Weise nichts ab; sie repräsentieren nichts, sie zeigen nur sich selbst, sie substituieren auch nichts, sie stellen nichts dar, sondern sie sind sie selbst beziehungsweise ihre einzelnen Elemente« (zit. in Barth 1991).

Beispiele dafür sind: ein Abschnitt einer schwarzen Gummimatte (Richard Serra), mit Stahlseilen an die Leinwände gebundene Granitplatten (Giovanni Anselmo). Oder von Bertrand Lavier: zwölf Strahler, montiert auf vier Lichtschienen, die ein Quadrat bilden, erzeugen ein Scheinbild von weißer Helligkeit.

Als eine weitere Form des Anti-Bildes kann eine Performance angesehen werden, bei der sich ein Konstrukt selber zerstört. Die Negierung erfolgt in diesem Falle durch Vernichtung.

Links: Wort als Anti-Bild – weniger als ein Bild? (Ben Vautier).

Rechts: Schein-Bild als Gegenposition zu Bild (Bertrand Lavier).

Unikat, Kommunikat, Format

Nachdem nun das Spektrum von Bild zum Nicht-Bild, vom Inhalt zum Nicht-Inhalt abgeschritten wurde, folgen hier einige Überlegungen zur Beschreibung von Bildlichkeit, die für die Praxis der Bildsprache anwendbar ist.

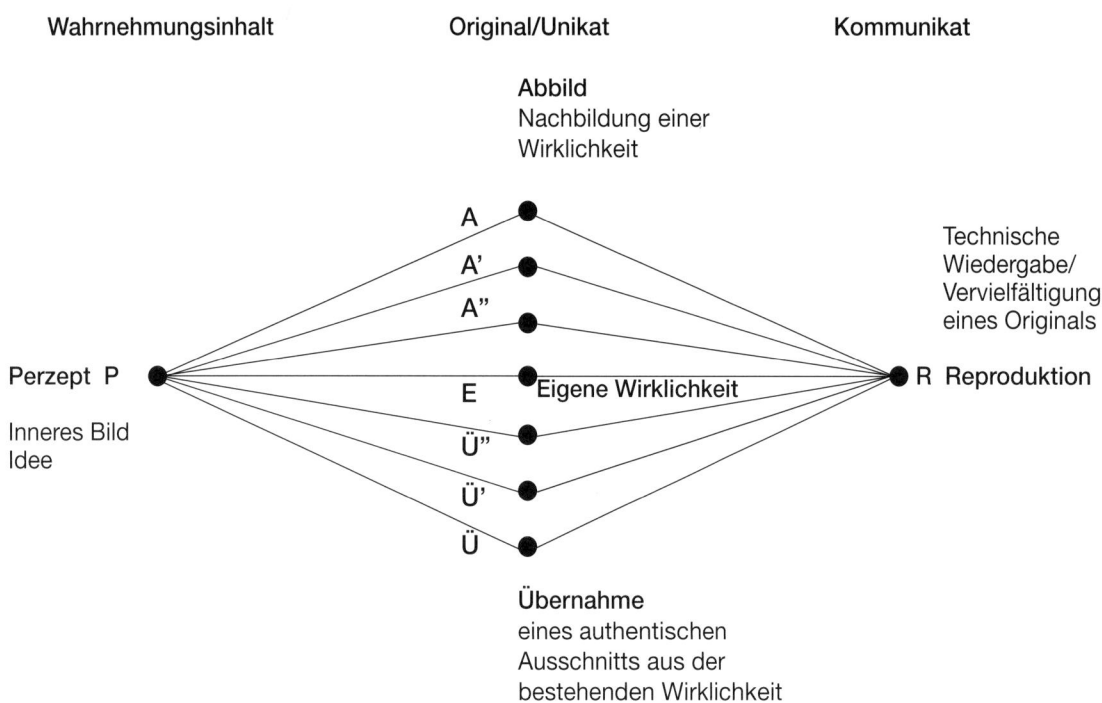

Punkt P steht für das nicht-materielle Bild, das lediglich in der Wahrnehmung existiert: der Wahrnehmungsinhalt eines Ausschnitts aus der Wirklichkeit oder ein einzelnes »Bild« der inneren Wahrnehmung, der inneren Schau.

Die Wahrnehmung von äußeren Inhalten ist letztlich in der Verarbeitung ebenfalls mental, nämlich eine bestimmte Konfiguration, auf die sich das wahrnehmende Ich einläßt. Dieses »Bild« aus der »Wirklichkeit« gilt es festzuhalten und umzusetzen. Und zwar in zwei Richtungen: zum einen in Punkt A, als Abbild, indem der Wahrnehmungsinhalt auf einem Trägermaterial festgehalten wird. Ob dies durch Zeichnen, Malen, Gestalten »nach der Natur« oder über fotomechanische Verfahren erfolgt, ist zunächst sekundär. Eine direkte fotografische, filmische oder elektronische

Abbildung ist nur möglich bei Vorgaben von äußerer Wirklichkeit; innere Bilder bedürfen der Umsetzung über die gestaltende Hand.

Zum andern kann die wahrgenommene Wirklichkeit als »Bild« fixiert werden. Eine solche Position soll Ü veranschaulichen. Ein Beispiel: Beim Gang durch eine herbstliche Allee sieht man welke Blätter am Boden, die sich zufällig in optischen Mustern gruppiert haben. Statt diese Konfigurationen von Herbstblättern auf Fotos festzuhalten oder mittels zeichnerischen oder malerischen Mitteln nachzubilden (Position A), wäre es denkbar, dieses Stück Boden auszuschneiden, zu fixieren und an die Wand zu hängen. Dies entspräche der Position Ü. Solche Material-Bilder sind zum Beispiel Exponate von Daniel Spoerri oder Joseph Beuys.

Ein inneres Bild kann auch ohne Bezug zu einer bestehenden Wirklichkeit entstehen und als Eigengestaltung E ausgeführt werden. Zwischen den idealtypischen Positionen A, Ü und E gibt es ein weites Feld von Übergängen und Mischformen. So kann das Verhältnis von Bildproduzent zur wahrgenommenen Wirklichkeit nicht nur dokumentierend, sondern auch intervenierend sein, indem der vorgefundene Gegenstand oder das vorliegende Material umgebaut und durch zusätzliche Ebenen erweitert wird.

Wirklichkeit ausschneiden und aufhängen (Daniel Spoerri).

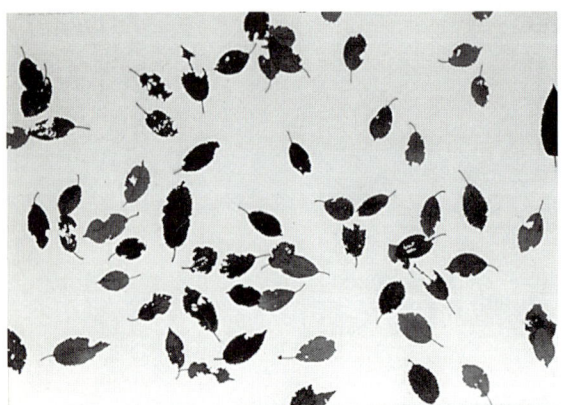
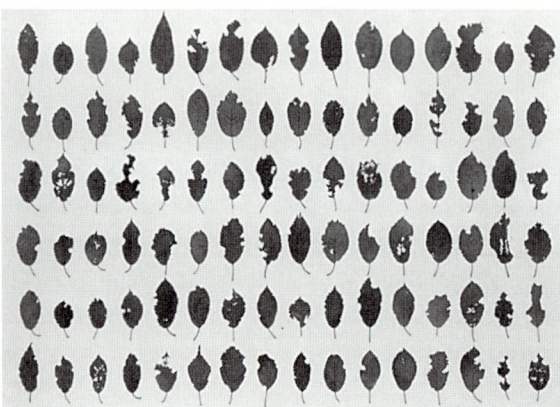

Arrangierte vorgefundene Wirklichkeit. Herman de Vries (links) An afternoon under the cherry tree, *(rechts)* Leaves from under the cherry tree.

In unserem Beispiel: Das vorgefundene Muster von Herbstblättern wird in der Anordnung durch eigens herangeholte Blätter modifiziert zu Ü'. Die Position Ü' veranschaulicht also ein nachträgliches Arrangement des ausgewählten authentischen Ausschnitts der Wirklichkeit. Ü' ist näher bei E, das die Bildung einer eigenen visuellen Wirklichkeit symbolisieren soll. Die Strecke Ü bis E ist als flexibel zu betrachten, je nach dem Anteil an Eigengestaltung in Richtung E. Eine solche Eigengestaltung ist beispielsweise ein ungegenständliches Bild.

P (Perzept) ist auch durch den Begriff Idee erweitert. Dort, wo es sich weder um die Übernahme von Wirklichkeit (Ü) noch die Nachbildung von Wirklichkeit (A) handelt, ist vor dem inneren Auge nicht notwendig das als Eigengestaltung (E) in Erscheinung tretende Bild vorhanden, sondern lediglich eine Art Anfangsidee, *una certa idea*, wie es Raffael gegenüber dem Grafen Baldassare Castiglione formuliert (vgl. Arnheim 1977, 99). Das Bild E entsteht in Auseinandersetzung mit der sich entwickelnden Form auf der Leinwand.

Man kann auch verschiedene Abstraktionsstufen im Schema auf S. 180 veranschaulichen. Die drei Baumdarstellungen von Piet Mondrian ent-

Von der äußeren Vorgabe zur Eigengesetzlichkeit des Bildes (Piet Mondrian).

sprechen einer stufenweisen Abstraktion: A' ist naturalistischer als A". Der senkrechte Durchmesser des Rhombus von A nach Ü symbolisiert die größtmögliche Nähe zur Wirklichkeit (im Falle von A die größtmögliche Ähnlichkeit, bei Ü die authentische Übernahme). In E ist der Eigenwert der Kunst am konsequentesten realisiert; E würde auch das extreme Nicht-Bild repräsentieren.

Auch die Fotografie fällt nicht automatisch mit A, Abbild von Wirklichkeit, zusammen. Wenn durch Arrangement vor der Kamera Wirklichkeit inszeniert und/oder durch die Gestaltungsmittel der Kamera oder andere Bearbeitungsmöglichkeiten eine Fotografie formal verändert wird, verschiebt sich die Fotografie auf andere Positionen.

Die Unikat- oder Original-Position wird im Falle des gemalten Bildes durch das Original und im Falle der Fotografie oder des Films durch den Originalabzug respektive die Null-Kopie eingenommen.

Auf Ü gibt es per definitionem nur ein Unikat, es sei denn, die Wirklichkeit selber hätte sich dupliziert oder multipliziert. Aber auch in diesem Fall – etwa wenn man einen Quadratmeter Straßenpflaster an der Wand befestigt oder einen Bruchstein der Berliner Mauer aufstellt – handelt es sich im Grunde um verschiedene Unikate.

Die Ebene Original/Unikat (A bis Ü) ist bereits eine Bildebene. Die Dreidimensionalität oder – beim Ablauf in der Zeit (Performance, Film) – Vierdimensionalität soll in den Bildbegriff einbezogen werden. Auch Skulpturen sind in diesem Sinne Bilder, ja eine Inszenierung mit Schauspielern könnte als »lebendes Bild« bezeichnet werden (in einer Situierung wie Ü'). Im Hinblick auf die Verwendung im Rahmen einer Bildsprache kommt als wichtige Voraussetzung die Kommunizierbarkeit hinzu, die Überführung des Originals/Unikats in das Kommunikat, der Transport des Bildes zum Rezipienten über Reproduktion – die Position R im Schema auf S. 180.

Sowohl der nach der Mahlzeit fixierte und an der Wand befestigte Tisch von Daniel Spoerri (Position Ü) als auch eine naturgetreue Nachzeichnung (Position A) können reproduziert, vervielfältigt und an beliebig viele Empfänger verteilt werden.

Die Position R bedeutet auch eine Variabilität des Formats. Fast jede Reproduktion von Originalen – zum Beispiel in Ausstellungskatalogen – führt zum Verlust des ursprünglichen Formats. In einem Kunstkatalog werden die verschiedenen Formate der Originale in eine Normgröße überführt, was die Wirklichkeit der Kunstwerke verändert. Gewisse »Bilder« der

Position Ü sind indessen ohne die technische Transferierung in ein handhabbares Format gar nicht hinreichend wahrzunehmen. So kommt die Landschaftskunst, die *land art*, größtenteils erst durch technische Reproduktion zum Tragen. Bestimmte »Bilder« der lateinamerikanischen, präkolumbischen Kultur, wie zum Beispiel die Scharrbilder in der Wüste von Nazca, existieren erst, seitdem wir in der Lage sind, sie vom Flugzeug aus wahrzunehmen und aufzuzeichnen.

Bei einer solchen Aufzeichnung werden unwillkürlich zwei wichtige Kriterien der Definition von Bildlichkeit angewendet, die auch für die Unikate in einem Museum gelten: die Begrenzung und die Transferierbarkeit. Jedes Bild ist in seiner Ausdehnung begrenzt. Diese Begrenzung wird durch den Bildrahmen ausgewiesen. Das Bild findet somit innerhalb eines Rahmens statt. Ein Bild ist transferierbar; man kann es beispielsweise als Leihgabe eines Museums in einer anderen Stadt ausstellen. Dies ist sogar möglich mit bestimmten Objektansammlungen wie Anordnungen von Steinen (Richard Long) oder Wolldecken (Joseph Beuys).

Scharrbilder in der Wüste von Nazca (Tages-Anzeiger Magazin).

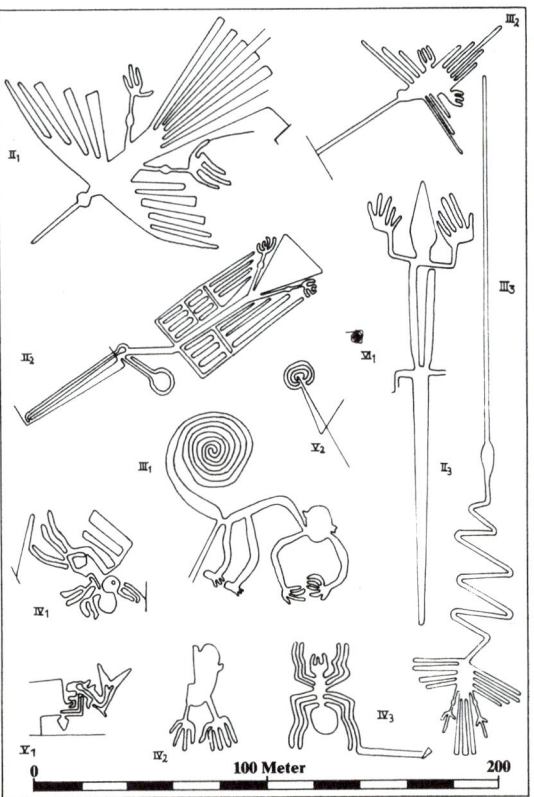

Land art *als Fortsetzung vorkolumbischer Kunst:*
Richard Long, A Line in Bolivia.

Begrenzbarkeit und Transferierbarkeit sind Kriterien von Bildlichkeit, die sich auch von Anti-Bildern nicht außer Kraft setzen lassen. Wenn ich die Anordnung folgender Schriftzüge als Bild deklariere:

Dieses Bild aus Schrift meint alles Seiende

dann ist diese Konfiguration in ihrer Ausdehnung auf die vier Zeilen begrenzt und transferierbar. Durch die Aufzeichnung des Bildes, die Reproduzierbarkeit, Kommunizierbarkeit und damit Verfügbarkeit des Bildes entsteht die visuelle Sprache. Das hier vorgeschlagene Schema versucht dem Umstand Rechnung zu tragen, daß das Bild in unserer Zeit nicht mehr als »mit künstlerischen Mitteln auf einer Fläche Dargestelltes, Wiedergegebenes« (Duden) oder »auf dem Fernsehschirm Erscheinendes«

Vom Perzept zum Bild: Foto der Cranberry-Ernte bei Plymouth, Massachusetts (Georg Gerster).

(Duden) definiert werden kann. Bezugnehmend auf das oben dargelegte Schema ist ein Bild ein Produkt, das sowohl in der Position Original als auch in der Position Reproduktion erscheint; die Position Perzept kann noch nicht als Bild angesprochen werden, da in jener Position noch keine Veräußerlichung, noch kein materieller Artefakt vorliegt.

Das Bild könnte deshalb definiert werden als eine zum Zweck der Betrachtung oder Verständigung hergestellte visuelle Konfiguration. In diese Definition sind die Kriterien der Begrenztheit, der Transferierbarkeit und der Reproduzierbarkeit eingeschlossen.

Eine optisch anregende Konstellation aus großer Höhe betrachtet ist noch kein Bild; erst die fotografische Aufnahme, die die Bedingung »Herstellung« erfüllt (siehe Bild S. 186), und die Darbietung vor Betrachtern macht die Konfiguration zum Bild.

Vom Vergnügen, sich auf ein Bild einzulassen

Ein plausibler Beweis dafür, daß Bilderlesen ein sinnliches Vergnügen darstellt, ist das Bilderverbot. Je puritanischer ein Milieu, um so weniger Bilder gibt es. Du sollst dir kein Bild machen, da du nicht in Versuchung geraten sollst. In Versuchung, dein Auge wohlgefällig auf einem sinnenfreudigen Inhalt ruhen zu lassen. Auge verweile doch, das Bild ist so schön!

Diese Lust an der sinnlichen Qualität eines Bildes kann sich sogar fatal auswirken, wie die Episode mit dem Kunstkritiker Bergotte in Prousts Roman *Auf der Suche nach der verlorenen Zeit* lehrt.

Bergotte begibt sich in den Louvre, geht an Bildern vorbei, im Bewußtsein, daß sie nur künstlich seien und »nicht gegen das Fluten von Luft und Sonne in einem venezianischen Palast oder einem einfachen Haus am Meeresufer aufkommen« können (Proust 1973, Bd. 9, 248). Endlich bleibt er vor einem Bild Vermeers stehen, das er sehen will, vor allem wegen der »kostbaren Materie des ganz kleinen gelben Mauerstücks«. Er ist von der Einzigartigkeit dieser kleinen gelben Mauerecke überwältigt. Sie wird ihm ein Maßstab für die Qualität des eigenen Werks. Von dieser Schau, diesem Abwägen ist er so benommen, daß er von einem Schwindel erfaßt wird und kurz darauf stirbt.

In diesem Text von Proust ist nicht nur etwas über die Qualität von Malerei ausgesagt, sondern auch über die Qualität dessen, was Vorbild ist für das Bild: die Wirklichkeit, das Fluten von Luft und Sonne in einem venezianischen Palast oder einem einfachen Haus am Meer. Die bildeigene Qualität der Kunst wirkt sich nach zwei Richtungen aus: Sie zelebriert einerseits die reale Wirklichkeit, die Anlaß für das Bild war; sie desavouiert andererseits die bestehende Wirklichkeit, weil der Bildschöpfer es als notwendig erachtete, eine zweite Wirklichkeit in Form der Kunst zu schaffen, die erste Wirklichkeit also defizient, defizitär war. Das Bild – anstelle der Wirklichkeit – tröstet über das Manko hinweg. Es bietet eine Fülle dort, wo in Wirklichkeit Mangel herrscht.

So wird der Betrachter des Bildes in ein geändertes Verhältnis gegenüber der Wirklichkeit geführt. Er erlebt die Wirklichkeit ihrerseits in der Distanz, die das Bild vorgibt. Er ist in die Position des Subjekts katapultiert, ja verbannt. Denn als Beobachter hat er an der Wirklichkeit nicht teil. Das Subjekt ist vom Objekt der Betrachtung abgekoppelt. Subjekt und Objekt erfahren damit eine radikale Verselbständigung: Das Subjekt erleidet Isolierung, Einsamkeit, und das Bild erliegt einer Vergegenständlichung.

Solches Auseinanderdriften von Subjekt und Objekt mag kennzeichnend sein für eine der westlichen Kultur eigene Betrachtungsweise. Sie geht auf die antike Mimesis-Theorie der Kunst zurück. Es ist dies die Ursprungssituation der okzidentalen Kunst ebenso wie der Wissenschaft. Um Wirklichkeit nachahmen zu können, muß sie beobachtet werden, also in eine Objektrolle verwiesen sein.

Eine gegenläufige Perspektive ist denkbar, wie sie der östlichen Kunst eigen ist. Gegenstände der Wirklichkeit sind nicht Objekte der Betrachtung, sondern Anlaß, um über das eigene In-der-Welt-Sein zu sinnieren, Anlaß, um den Einklang mit dem Seienden zu erfahren. Bilder des Außen in sich aufnehmen heißt Eingehen in die Welt, Aufgehobensein in der Existenz. Der Künstler, der Seiendes – einen Baum, einen Berg, den Mond – nachbildet, erfährt sich als mit-seiend. Entsprechend ist auch der Zugang des Betrachters zum Bild ein anderer. Er fixiert das Bild nicht an der Wand, und deklariert es damit als Objekt, sondern es wird »vor einem Liebhaber im Zustand der Gnade« entrollt, wie es André Malraux (1957) beschreibt.

Auch der westliche Kulturkreis kennt solche Beispiele meditativer Bildbetrachtung, wie etwa bei der monochromen Malerei und der Gattung des Mandala. Ein Mandala ist ein Bild des Zentrums und damit der Konzentration. Es ist ein Bild des inneren Wegs und des verinnerlichten Verweilens. Der Betrachter wird ebenfalls auf das Sein, sein Sein, verwiesen.

Ein drittes Verhältnis zum Bild ist das des Lesens. Lesen will hier vorab sagen: des Oszillierens. Es ist zunächst das Oszillieren zwischen Haben und Sein, zwischen Objektbezug und Subjektbezug. Es ist ein Oszillieren zwischen Bild und Wirklichkeit, ein Vergleichen von Seinsmodalitäten und Seinsqualitäten. Es ist eine Erinnerung an die Freiheit, so zu sein und anders sein zu können; an die Freiheit, Wirklichkeit anzunehmen, zurückzuweisen, zu ändern, sie neu zu schaffen. Es ist ein Oszillieren zwischen dem Ist und dem Soll, dem Gewesensein und dem Werden.

Und es ist ein semantisches Oszillieren zwischen den Ebenen der Bedeutung, zwischen den Ebenen der Kodes, eine Verschränkung von Bedeutungseinheiten zu Sinnstrukturen. Es ist das Pulsieren des Auges vor der Sinnhaftigkeit und Sinnenhaftigkeit des Bildes. Das Vergnügen, sich auf ein Bild einzulassen, macht mehr aus einem Bild.

Nie genug in ein Bild hineinblicken können. Gerhard Richter, Betty.

Literaturverzeichnis

Es werden nur Titel angeführt, die im Text erwähnt sind.

Arnheim, Rudolf. 1977. *Anschauliches Denken: Zur Einheit von Bild und Begriff.* Köln: DuMont.
Bachmann, Winfried. 1991. *Das neue Lernen: Eine systematische Einführung in das Konzept des Neurolinguistischen Programmierens (NLP).* Paderborn: Junfermann.
Barth, Ariane. 1991. »Am Rand der Zerstörung.« *Spiegel* 1. Juni. 182–184.
Barthes, Roland. 1977. *Image–Music–Text.* Ausgewählt und übersetzt von Stephen Heath. Glasgow: Fontana/Collins.
Barthes, Roland. 1988. *Mythen des Alltags.* Frankfurt a.M.: Suhrkamp.
Berghaus, Margot. 1986. »Zur Theorie der Bildrezeption: Ein anthropologischer Erklärungsversuch für die Faszination des Fernsehens.« In: *Publizistik: Vierteljahreshefte für Kommunikationsforschung,* 31, Nr. 3–4. 278–295.
Bohn, Volker (Hrsg.). 1990. *Bildlichkeit: Internationale Beiträge zur Poetik.* Frankfurt a.M.: Suhrkamp.
Bredekamp, Horst. 1988. *Sandro Botticelli: La Primavera.* Frankfurt a.M.: Fischer Taschenbuch Verlag.
Büchner, Georg. [1835] 1976. *Dantons Tod.* Stuttgart: Reclam.
Buck, Ross. 1984. *The Communication of Emotion.* New York: Guilford Press.
Bühler, Karl. [1934] 1982. *Sprachtheorie: Die Darstellungsfunktion der Sprache.* UTB 1159. Stuttgart: Gustav Fischer.
Bunte. Nr. 51. 10. Dezember 1992. 122–123.
Buonadonna, Paola. »Cries and Whispers from White Walls.« *The European élan* 23.–29. September 1994. 4.
Burger, Harald. 1990. *Sprache der Massenmedien.* 2. durchges. und erw. Aufl. Sammlung Göschen Nr. 2225. Berlin: de Gruyter.
Bystrina, Ivan. 1981. »Kulturelle und filmische Codes.« In: Günter Bentele (Hrsg.). *Semiotik und Massenmedien.* München: Ölschläger. 290–313.
Comenius, Johan Amos. [1659] 1992. *Orbis sensualium pictus. Visible World.* Übersetzt von Charles Hoole. London: J. Kirton. – Facsimile vom Original der Comenius-Bücherei, Leipzig; mit einem Nachwort von Ivo Nezel. Zürich und Hitzkirch: Pestalozzianum Verlag / Comenius Verlag.
Doelker, Christian. 1979. *»Wirklichkeit« in den Medien.* Zug: Klett & Balmer.
Doelker, Christian. 1983. »Kunst und Medien: Interpretationen von Wirklichkeit.« In: *Visodata 83, Dokumentation.* München: TR-Verlagsunion. 265–281.
Doelker, Christian. 1984. »Wenn zwei dasselbe sehen – Unterschiedliche Wahrnehmung.« *Vom Umgang mit Medien.* Fünf Schulfunksendungen. Red. Wilfried Kochner. Köln: Westdeutscher Rundfunk.
Doelker, Christian. 1988. *Kulturtechnik Fernsehen.* Dreiteilige Fernsehreihe. Folge

1: »Die Quellen«; Folge 2: »Bild und Wort«; Folge 3: »Auf zwei Kanälen«. Red. Gerrit Neuhaus. Baden-Baden: SWF.

Doelker, Christian. 1989. *Kulturtechnik Fernsehen: Analyse eines Mediums.* Stuttgart: Klett-Cotta.

Doelker, Christian. 1994. »Dialog im und mit dem Fernsehen.« Thomas Bearth, Thomas Fries und Albert A. Stahel (Hrsg.). *Dialog.* Zürcher Hochschulforum, Bd. 22. Zürich: vdf Hochschulverlag. 209–223.

Doelker, Christian, Helmuth Stromeyer und Heiner Schmidt. 1985. *Wahrnehm-Geschichten.* Dreiteilige Fernsehreihe. Baden-Baden: SWF.

Doelker, Christian, Michael Klinksik und Kuros Nekouian. 1996. Drehbuch. *Abschied von der Wirklichkeit.* Baden-Baden: Südwestfunk, Videokassette.

Doelker, Christian, Michael Klinksik und Kuros Nekouian. 1997. Drehbuch. *Bild und Bedeutung.* Baden-Baden: Südwestfunk, Videokassette.

Doelker, Christian, Michael Klinksik und Kuros Nekouian. 1997. Drehbuch. *Gesamttexte: Kulturtechnik Fernsehen und Multimedia.* Baden-Baden: Südwestfunk, Videokassette.

Eco, Umberto. 1972. *Einführung in die Semiotik.* Aus dem Italienischen von Jürgen Trabant. utb 105. München: Wilhelm Fink.

Flusser, Vilém. 1990. »Eine neue Einbildungskraft«. In: Volker Bohn (Hrsg.). *Bildlichkeit: Internationale Beiträge zur Poetik.* Frankfurt a.M.: Suhrkamp. 115–126.

Frayling, Christopher, Helen Frayling und Ron van der Meer. 1993. *Das Kunst-Paket.* München: ars edition.

Frey, Tobias. 1996. »Wundersame Wandlung einer Raubkatze.« *Tages-Anzeiger* 6. Juni. 88.

Girardin, Daniel. 1993. Unveröffentlichtes Referat an der Tagung *Bilddokumentation: Probleme – Praxis – Perspektiven* der Schweizerischen Gesellschaft für Kommunikations- und Medienwissenschaft in Lausanne, 10. Nov. 1993. Übersetzung durch den Autor.

Gombrich, Ernst H. 1984. *Bild und Auge: Neue Studien zur Psychologie der bildlichen Darstellung.* Stuttgart: Klett-Cotta.

Grassi, Ernesto. 1957. *Kunst und Mythos.* Hamburg: Rowohlt.

Haase, Frank und Monika Buscher (Redaktion). 1994. *Die Illusion der Informiertheit. Von der Nachricht zur »Action-News«.* Realisation: Michael Klinksik, Kuros Nekouian. Baden-Baden: Südwestfunk.

Haller, Michael. 1993. »Faking – nur ein Spiel oder Betrug am Leser?« *Sage & Schreibe* Nr. 2. 23–25.

Hamm, Ingrid. 1985. *Inhalt und audiovisuelle Gestaltung: Der Einfluß thematischer Aspekte auf die Gestaltung von Verbrauchersendungen des Fernsehens.* Nürnberg: Verlag der Kommunikationswissenschaftlichen Forschungsvereinigung.

Huber, Erich. 1973. *Visuelle Bildung 1: Körper und Raum.* Wien: Österreichischer Bundesverlag für Unterricht, Wissenschaft und Kunst.

Huber, Erich. 1976. *Visuelle Bildung 2: Bild und Komposition.* Wien: Österreichischer Bundesverlag für Unterricht, Wissenschaft und Kunst.

Huizinga, Johan. 1956. *Homo ludens: Vom Ursprung der Kultur im Spiel*. Reinbek bei Hamburg: Rowohlt.

Isler, Ursula. 1988. »Die Provokation des Bildes: Gedanken zur Aggression gegen Kunstwerke.« *Neue Zürcher Zeitung* 30. April. 25.

Issing, Ludwig J. und Paul Klimsa (Hrsg.). 1995. *Information und Lernen mit Multimedia*. Weinheim: Psychologie Verlags Union.

Jaffé, Aniela. 1968 »Bildende Kunst als Symbol.« In: C. G. Jung und Marie-Louise von Franz (Hrsg.). *Der Mensch und seine Symbole*. Olten: Walter. 232–271.

Kammann, Uwe. 1996. »Der Moloch. Fernsehen und Fälschung: Ein Marktgesetz?« In: *epd / Kirche und Rundfunk* Nr. 10, vom 10. Februar.

Kerner, Günther und Rolf Duroy. 1977 (Band 1); 1981 (Band 2). *Bildsprache: Lehrbuch für den Fachbereich Bildende Kunst. Visuelle Kommunikation in der Sekundarstufe II*. München: Don Bosco.

Kleint, Boris H. 1980. *Bildlehre: Der sehende Mensch*. Basel: Schwabe.

Knaurs Lexikon der modernen Malerei: Von den Impressionisten bis heute. 1982. München: Droemer Knaur.

Lodge, David. 1993. *Die Kunst des Erzählens*. Aus dem Englischen von Daniel Ammann. Zürich: Haffmans.

Malraux, André. 1987. *Das imaginäre Museum*. Aus dem Französischen von Jan Lauts. Frankfurt a.M.: Campus.

Mann, Thomas. [1947] 1951. *Doktor Faustus: Das Leben des deutschen Tonsetzers Adrian Leverkühn erzählt von einem Freunde*. Frankfurt a.M.: Fischer.

Marsiske, H.-A. 1994. »Bits per Generation. Film, kollektives Gedächtnis und Geschichtswissenschaft.« In: *Spiegel special*, Dezember 1994. 100.

McCloud, Scott. 1994. *Comics richtig lesen*. Aus dem Amerikanischen von Heinrich Anders. Hamburg: Carlson.

Metzger, Wolfgang. 1975. *Gesetze des Sehens: Die Lehre vom Sehen der Formen und Dinge des Raumes und der Bewegung*. Frankfurt a.M.: Waldemar Kramer.

Mitchell, W.J.T. 1990. »Was ist ein Bild?« In: Volker Bohn (Hrsg.). *Bildlichkeit: Internationale Beiträge zur Poetik*. Frankfurt a.M.: Suhrkamp. 17–68.

Morris, Desmond. 1994. *Das Tier Mensch*. München: Wilhelm Heyne.

Muckenhaupt, Manfred. 1986. *Text und Bild: Grundfragen der Beschreibung von Text-Bild-Kommunikation aus sprachwissenschaftlicher Sicht*. Tübinger Beiträge zur Linguistik, Bd. 271. Tübingen: Gunter Narr.

Noël, Pierre. *Dictionnaire de l'image*. Institut National de l'Audiovisuel, Bry-sur-Marne (in Vorbereitung).

Nöth, Winfried. 1985. *Handbuch der Semiotik*. Stuttgart: Metzler.

Pawek, Karl. 1963. *Das optische Zeitalter: Grundzüge einer neuen Epoche*. Olten: Walter.

Peirce, Charles Sanders. 1931–1935. *Collected Papers*. Charles Hartshorne und Paul Weiss (Hrsg.). Band 1–6. Cambridge, Mass.: Harvard University Press.

Pelz, Heidrun. 1975. *Linguistik für Anfänger*. Hamburg: Hoffmann und Campe.

Peters, Hugo. 1994. *Bildnerische Grundlehre*. Stuttgart: Ferdinand Enke.

Plécy, Albert. 1971. *Grammaire élémentaire de l'image: Comment lire les images, comment les faire parler*. Verviers: Editions Gérard.

Poulet, Georges. 1966. Marcel Proust: *Zeit und Raum*. Frankfurt: Suhrkamp.

Proust, Marcel. 1954. *A la recherche du temps perdu*. In 3 Bänden. Bibliothèque de la Pléiade. Paris: Gallimard.

Proust, Marcel. 1973. *Auf der Suche nach der verlorenen Zeit*. Werkausgabe in 13 Bänden. Frankfurt a.M.: Suhrkamp.

Rimbaud, Arthur. 1982. *Sämtliche Dichtungen*. Französisch und Deutsch. Herausgegeben und übersetzt von Walther Küchler. 6., durchgesehene Auflage. Heidelberg: Lambert Schneider.

du Roy, Albert. *1992. Le sermon de Théophraste*. Paris: Flammarion.

Saussure, Ferdinand de. [1931] 1967. *Grundfragen der Allgemeinen Sprachwissenschaft*. Berlin: de Gruyter.

Schön, Willi. 1969. *Schaubild-Technik. Die Möglichkeiten bildlicher Darstellung von Zahlen- und Sachbeziehungen*. Stuttgart: C.E. Boeschl.

Senn, Flurin und Erich Steiner. 1997. »Versuch einer Analyse rhetorischer Figuren in der Bildsprache am Beispiel der Werbefotografie.« Unveröffentlichte Seminararbeit. Universität Zürich.

Spoerri, Theophil. 1951. *Die Struktur der Existenz: Einführung in die Kunst der Interpretation*. Zürich: Speer.

Steiner, R. 1975. ». . . vollendet täuschende Nachbildung.« *Neue Zürcher Zeitung* 28./29. Juni.

Stromeyer, Helmut (Red.). 1990–1991. *Ein Text – drei Filme*. »Gibs auf!« (Nach Franz Kafka) Regie: Gunter Krāā, Michael Füting, Christian Romanowski. Baden-Baden: SWF.

Sturm, Hertha. 1991. *Fernsehdiktate: Die Veränderung von Gedanken und Gefühlen. Ergebnisse und Folgerungen für eine rezipientenorientierte Mediendramaturgie*. 1994. Gütersloh: Verlag Bertelsmann Stiftung.

Thalmann, Marion.1994. »Aktuelle Bilder aus dem Archiv? Zur Bebilderung von Nachrichten im Fernsehen.« Unveröffentlichte Seminararbeit. Universität Zürich.

Tschanz, Beat. 1989. »Das heutige Menschenbild aus der Sicht der Verhaltensforschung.« In: Maja Svilar (Hrsg.). *Das heutige Menschenbild: Entwürfe und Ansätze*. Bern: Peter Lang. 9–39.

Ulmer Museum. 1984. *Das Kunstwerk des Monats*. Nr. 55.

Warnke, Martin (Hrsg.). 1973. *Bildersturm: Die Zerstörung des Kunstwerks*. Kunstwissenschaftliche Untersuchungen des Ulmer Vereins für Kunstwissenschaft I. München: Karl Hanser.

Watzlawick, Paul und Peter Krieg. 1991. D*as Auge des Betrachters*. Festschrift für Heinz von Foerster. München: Piper.

Weidenmann, Bernd. 1991. *Lernen mit Bildmedien: Psychologische und didaktische Grundlagen*. Weinheim: Beltz.

Wölfflin, Heinrich. 1948. *Kunstgeschichtliche Grundbegriffe: Das Problem der Stilentwicklung in der neueren Kunst*. Basel: Schwabe. 31–69.

Bildnachweis

Wir haben uns bemüht, sämtliche Abdruckrechte einzuholen. Wo uns dies nicht gelungen ist, können allfällige Ansprüche nachträglich geltend gemacht werden. Änderungen werden bei einer Neuauflage berücksichtigt.

Abb. S. 17: Richard Estes, *Gordon's Gin*. 1968. © ProLitteris 1997, CH-8033 Zürich. Paris, Galerie Isy Brachot. In: Isy Brachot, Hrsg. *Hyperréalisme: Maîtres américains & européens*. Brüssel: Isy Brachot, 1973. S. 79. Abb. S. 18 oben: Illustration zu Bullingers Reformationsgeschichte. In: *Tages-Anzeiger Magazin*, Nr. 9, 28. Feb. 1987. S. 7. Abb. S. 18 Mitte: *Biblia pauperum*. Luzern: Faksimile Verlag, cop. 1993-1994. Abb. S. 18 unten: In: *Spione in Jericho. Die Bibel im Bild*, 2. Deutsche Bibelgesellschaft Stuttgart. Stuttgart-Zuffenhausen: Henkel. Abb. S. 19: *L'image et le temps*. 1973. Ed: J. Legay. Kodak-Pathé. France: Gilbert Clarey. S. 10. Abb. S. 20: In: Johan Amos Comenius. *Orbis sensualium pictus*. London 1659. Faksimile vom Original der Comenius-Bücherei Leipzig. Zürich: Pestalozzianum Verlag, Hitzkirch: Comenius Verlag, 1992. S. 198. Abb. S. 21: In: Károly Földes-Papp. *Vom Felsbild zum Alphabet: Die Geschichte der Schrift von ihren frühesten Vorstufen bis zur modernen lateinischen Schreibschrift*. Stuttgart: Belser 1966. S. 47. Abb. S. 21: In: *Signet, Signal, Symbol*. Von Walter Diethelm in Zusammenarbeit mit Dr. Marion Diethelm. Zürich: ABC Verlag, 1970. S. 32. Abb. S. 24 oben links: *Tagesschau* vom 5. Nov. 1993. Schweizer Fernsehen DRS. In: *Die Illusion der Informiertheit: Von der Nachricht zur »Action-News«*. Red. F. Haase/M. Buscher. Baden-Baden: Südwestfunk, 1994. Videokassette. Abb. S. 24 oben rechts: *Tagesschau* vom 7. Nov. 1993. Schweizer Fernsehen DRS. In: *Die Illusion der Informiertheit: Von der Nachricht zur »Action-News«* Red. F. Haase/M. Buscher. Baden-Baden: Südwestfunk, 1994. Videokassette. Abb. S. 24 unten: In: *Die Illusion der Informiertheit. Von der Nachricht zur »Action-News«* Red. F. Haase/M. Buscher. Südwestfunk Baden-Baden, 1994. Videokassette. Abb. S. 25 oben: *10 vor 10* vom 22. Jan. 1995. Schweizer Fernsehen DRS. Videoprint. Abb. S. 25 Mitte: In: *Tages-Anzeiger*, 2. Feb. 1993: 64. Foto F. Kenton Musgrave und Benoît B. Mandelbrot. Abb. S. 25 unten: *Forrest Gump*. Regie: Robert Zemeckis, USA 1993. Schauspieler Tom Hanks. Abb. S. 26 oben links: In: *Tages-Anzeiger*, 6. Feb. 1993. S. 12. Abb. S. 26: In: *Bunte*, 51, 1992. S. 122. Abb. S. 27: Eingang Grand Hotel Dolder Zürich, 1995. Vivienne Westwood-Modeschau Zunfthaus zur Meisen Zürich, 1995. Modeaufnahme für Fourrures Wyssbrod, Zürich, 1995. Ruedi Kubli, Digital Picture Art, CH-8633 Wolfhausen. Abb. S. 27: Ruedi Kubli. Digital Picture Art, CH-8633 Wolfhausen. Abb. S. 28: In: *Tages-Anzeiger*, 6. Juni 1996. S. 88. Abb. S. 30: Michael Adams. *Botanical Gardens/Mahé Seychelles*. Sammlung des Künstlers. Abb. S. 31 oben: Jason Rhoades. Installation *Dreizehn Stände Köln Land-Messe*. In: *ART*, Juli 1994. S. 54-55. Abb. S. 31 unten: Jean Tinguely, *Heureka*. Zürich. Foto: Karl Diethelm, Pestalozzianum Zürich. Abb. S. 32: Chan Kien Chung. *Composition nr. 52*. 1979. Paris, Galerie Yomiuri. In: *Art 11'80*. Internationale Kunstmesse Basel, 1980. Abb. S. 33: Yrjö Edelmann. 1981. Zürich, Privatsammlung. Abb. S. 34 links: Duane Hanson, *Tourists II*, 1988. Saatchi Collection. In: *Duane Hanson. The Saatchi Gallery, April – July 1997*. Great Britain: The Pale Green Press, 1997. Titelseite. Abb. S. 34 rechts: John De Andrea, Poster der Galerie Isy Brachot, Av. Luise 62A, 1050 Bruxelles. Ausstellung vom 18. Dezember 1985 – 18. Januar 1986. Abb. S. 36: Virtual Reality. »Karl-Dieter giesst seine virtuellen Kakteen einmal in der Woche«. Foto: Gerhard Glück. In: *NZZ Folio*, Feb. 1996. S. 89. Abb. S. 41: Eric Scott. *A Dog's Life*. London, Nicholas Treadwell Gallery. Abb. S. 43: Falaise bei Bonifacio: »Bison et Mouton«. Abb. S. 44: In: *Spick*, März 1992, Titelseite. Abb. S. 45: Bruno Munari. *Dizionario dei Gesti italiani*. Rom: adn Kronos Libri, 1994. Abb. S. 46: Ayers Rock. Foto: Jürg Stadelmann. Abb. S. 47: Oskar Garvens. *Kunstbetrachtung*. Karikatur aus: *Kladderadatsch* 1924. In: *Kunst + Unterricht*, Heft 189, 1995. S. 26. Abb. S. 51: René Magritte. »La révolution surréaliste«. Vol. 5, no. 12, 1929. © ProLitteris 1997, CH-8033 Zürich. In: *Neue Zürcher Zeitung*, 9./10. März 1996. S. 65. Abb. S. 53: Eduardo Arroyo, *Dans le respect des traditions*. 1965. © ProLitteris 1997, CH-8033 Zürich. Sammlung des Künstlers. In: *arte Pop*. Ausstellungskatalog Museo Nacional Reina Sofia. Madrid: Elemond Editori Associati. S. 271. Abb. S. 54: Schauspielerin Maureen O'Hara. Abb. S. 56: *Les crus classés du Médoc en 1855*. Tableau de Carl Laubin. – Jean Clarisse Ateliers. Abb. S. 57: Ölverschmierter Seevogel in verschmutztem Wasser. Foto: Steve McCurry. Werbung von Benetton. Abb. S. 59: Metzger. Foto: Heini Stucki. In: *SRG und Kultur – eine Dokumentation*. Hrsg. Schweizerische Radio- und Fernsehgesellschaft SRG, Generaldirektion, Bern 1992. S. 23. Abb. S. 62: Klaus Staeck. *Mietsache*, 1983. In: *Klaus Staeck. Plakate*. © ProLitteris 1997, CH-8033 Zürich. Göttingen: Steidl Verlag, 1988. S. 128. Abb. S. 63: Bildmontage in: *swissair Gazette*, 1, 1994. S. 23f. Abb. S. 64: René Magritte. In: Bijtebier, Bruxelles. © ProLitteris 1997, CH-8033 Zürich. In: *Rétrospective Magritte*. Bruxelles, Palais des Beaux-Arts, 27 octobre – 31 décembre 1978. Druck: Graphing, Charleroi, Belgien. 1978. S. 77. Abb. S. 65 oben: Tagesschau vom 15. Juli 1997 (20.00 – 20.15 Uhr). ARD. Abb. S. 65 unten: Safety on Board-Card der *Crossair* (Ausschnitt). Abb. S. 66 oben: D'après dessin Pascal Lepage, imp. Combier Macon. Edition Ville de Bayeux. Abb. S. 66 Mitte: *Written on the Wind*. Regie: Douglas Sirk. USA 1956. Schauspieler: Rock Hudson & Dorothy Malone. Abb. S. 66 unten: *Asterix: Die grosse Reise*. CD-ROM. Infogrames Multimedia, 1995. Abb. S. 67: In: Guido Tön. *Plakatauktion*. Mode 1/95, Zürich. S. 129. Abb. S. 71: NZZ-Folio, April 1996. S. 23. Foto: Raymond Depardon, Magnum. Abb. S. 72: Cornelia Hesse. Mißgebildete Weichwanze Deraeocoris ruber. Gefunden 1988, beim AKW Gösgen. Abb. S. 73 oben: Das Panneau der Löwen. In: *Grotte Chauvet: Altsteinzeitliche Höhlenkunst im Tal der Ardèche*. Hrsg. Gerhard Bosinski. Sigmaringen: Jan Thorbeck, 1995. S. 98-99. Abb. S.73 unten: In: *Agitation zum Glück: Sowjetische Kunst der Stalinzeit*. [anläßlich der Ausstellung »Agitation zum Glück – Sowjetische Kunst der Stalinzeit«, Documenta-Halle, Kassel, 26. November 1993 bis 30. Januar 1994; anschließend Staatliches Russisches Museum St. Petersburg] Bremen: Ed. Temmen, 1994. S. 101. Abb. S. 74 oben: *Blick*-Werbekampagne von Advico Young & Rubicam, Zürich. Abb. S. 74 unten: In: Peter Wallimann. *Klassische und Dendritsch modifizierte Cyclophane zur molekularen Erkennung von Steroiden.* Diss. ETH, Zürich 1997. S. 82. Abb. S. 75: Fred Engelbert Knecht. *Gänsebahnhof Zürich.* Abb. S. 76: *Der Spiegel,* 27. Nov. 1995. Titelblatt. Abb. S. 78 oben links: »Claudia Schiffer mit Chanel-Kleid des Anstoßes: Die gestickten Koranverse ärgerten die Muslime. Lagerfeld entschuldigt sich«. *Schweizer Illustrierte,* 24. Jan. 1994. S. 10. Abb. S. 78 oben rechts: Missale (Sakramentar) 1100-1120; Miniatur: Tod des hl. Meinrad. In: *Seedamm-Kulturzentrum,* Bulletin 31, Herbst 1993. S. 16. Abb. S. 78 unten: Wolken-Signet, *Schweizer Fernsehen DRS.* Abb. S. 80: Nam June Paik: *Tribute to Charlotte,* 1995. Privatsammlung, Zürich. Abb. S. 82: Margrit M. Belser, Berghalde 8, 8832 Russikon. Abb. S. 83: Madhu Khanna. *Yantra. The tantric symbol of cosmic unity.* London: Thames and Hudson, 1979. S. 73. Abb. S. 85: In: *SonntagsZeitung,* 22. Jan. 1995. S. 84. Abb. S. 86: *Tribune de Genève,* No. 125, 2. juin, 1997. Titelseite. Abb. S. 87: Verkehrszeichen. In: *Spick* 176, Aug. 96. S. 5. Foto: Marc Riboud. Abb. S. 88 oben: Macintosh- und rechts Windows-Piktogramme. Abb. S. 88 unten: Camel-Werbung »Urlaubsvertretung«. In: *stern,* 8.5.1991. S. 150. Abb. S. 89 oben: Tags. Foto: Karl Diethelm, Pestalozzianum Zürich. Abb. S. 89 unten: In: Scott McCloud. *Comics richtig lesen.* Hamburg: Carlsen, 1994. S. 120. Abb. S. 90: Identifizierungsplakette, die am 3. März 1972 der Raumsonde »Pionier 10« mitgegeben wurde. In: *Neue Zürcher Zeitung,* 6. März, Mittagsausgabe, 1972. S. 26. Abb. S. 91 oben: *Focus,* 4. März 1996, Titelblatt *Beobachter,* 30. Aug. 1996. Titelblatt *Schweizer Familie,* 19. Dezember 1996, Titelblatt *Spick,* Dez. 1992. S. 8. Foto: Archiv für Kunst und Geschichte. Abb. S. 91 unten: Cartoon von Markus. In: *Stern,* 14. März 1983. S. 13. Abb. S. 92: Werner Urfer. *Äpfel.* Zürich, Privatsammlung. Abb. S. 93: Alex Sadkowsky. *Gelbe Strasse.* Zürich, Privatsammlung. Abb. S. 94 links: Edvard Munch. *Verzweiflung.* 1892. © ProLitteris 1997, CH-8033 Zürich. Stockholm, Thielska Galleriet. In: *Edvard Munch. Ausstellungskatalog.* Kunsthaus Zürich, 19. November 1987 – 14. Februar 1988. Abb. S. 94 rechts: Serafima Wassilewna Rjangina: *Höher und höher.* 1934. In: *Agitation zum Glück. Sowjetische Kunst der Stalinzeit.* [anläßlich der Ausstellung »Agitation zum Glück – Sowjetische Kunst der Stalinzeit«, Documenta-Halle, Kassel, 26. November 1993 bis 30. Januar 1994; anschließend Staatliches Russisches Museum St. Petersburg] Bremen: Ed. Temmen, 1994. S. 49. Abb. S. 95 links: In: *Neue Zürcher Zeitung,* 22. Aug. 1996. S. 51. Foto Archiv *NZZ.* Abb. S. 95 rechts: In: *Tages-Anzeiger,* 10. Feb. 1997. S. 55. Foto: Martin Zünti. Abb. S. 97: *Schweizer Fernsehen DRS.* Videoprint. Abb. S. 98: Vincent Van Gogh, *Schlafzimmer in Arles.* 1888. Amsterdam, Vincent von Gogh Museum. Abb. S. 99: Anna Vögtli, *Ewigkeitsweg.* 1979. Zürich, Privatsammlung. Abb. S. 100: BASF-Werbung. In: *Sage & Schreibe,* Juli/Aug. 1994. S. 18. Abb. S. 103: *Abenteuer Zoo,* ARD, 4. Nov. 1996, 20.15–21.00 Uhr. Abb. S. 105: Henri Matisse. *Intérieur; l'étui à violon,* 1918/19. © ProLitteris 1997, CH-8033 Zürich. New York, Museum of Modern Art. In: Felix Baumann, Redaktion. *Henri Matisse.* Ausstellungskatalog. Kunsthaus Zürich, 15. Okt. 1982 bis 16. Jan. 1983. Bern: Benteli Verlag, 1982. S. 62. Abb. S. 107 oben: Felix Vallotton, *Der Mord,* 1893. In: *Neue Zürcher Zeitung,* 29./30. Januar 1994. S. 69. Abb. S. 107 unten: Oskar Kokoschka. *Die Frösche.* 1968. © ProLitteris 1997, CH-8033 Zürich. Marlborough International Fine Arts. In: Klaus Albrecht Schröder, Johann Winkler (Hrsg.). *Oskar Kokoschka.* München: Prestel-Verlag, 1991. S. 85. Abb. S. 108 oben: René Fehr. Einladungskarte der Galerie Trittligasse, Zürich. Abb. S. 108 unten: Canon-Werbung. Inserat. Abb. S. 109 links: Johannes Vermeer, *Ansicht von Delft.* um 1660-1661. Den Haag, Koninklijk Kabinet van Schilderijen Mauritshuis. In: Arthur K. Wheelock, Jr. (Hrsg.) *Vermeer. Das Gesamtwerk.* Stuttgart, Zürich: Belser Verlag, 1995. S. 121. Abb. S. 109 rechts: Lucas Cranach d.Ä. *Herzogin Katharina von Mecklenburg.* 1514. Dresden, Staatliche Kunstsammlungen, Gemäldegalerie Alte Meister. Abb. S. 110 oben links: Georges De La Tour. *Der hl. Joseph als Zimmermann.* Paris, Louvre. In: Lawrence Gowing. *Die Gemäldesammlung des Louvre.* Mit einer Einführung von Michel Laclotte. Köln: DuMont, 1988. S. 416. Abb. S. 110 oben rechts: In: J.L. Locher u.a. *Die Welten des M.C. Escher.* Aus dem Niederländischen übertragen von Adrian Pouwels. 3. Aufl., Herrsching: Manfred Pawlak Verlagsgesellschaft MbH, 1971. Titelseite. Abb. S. 110 unten links: Claude Monet. *Le Parlement, coucher de soleil,* 1904. Zürich, Kunsthaus. Abb. S. 110 unten rechts: Edvard Munch. *Mädchen auf der Brücke.* 1905. © ProLitteris 1997, CH-8033 Zürich. Köln, Wallraff-Richartz Museum. In: Kunsthaus Zürich, 4/87. Titelseite. Abb. S. 111: Robert Motherwell. *Je t'aime.* 1955. © ProLitteris 1997, CH-8033 Zürich. München, Bayerische Staatsgalerie moderner Kunst. Abb. S. 112: Peter Hutchinson. *Colored Mountains.* 1992. Düsseldorf, Galerie Bugdahn und Kaimer. Abb. S. 113: Sandro Botticelli. *Das Leben Mose.* 1481. Vatikan, Sixtinische Kapelle. In: Giulio Carlo Argan. *Sandro Botticelli.* In der Reihe: Der Geschmack unserer Zeit. Genève, Paris, New York: Skira, 1957. S. 85. Abb. S. 114 oben links: Reportage über Abfall in Zürich. Ruedi Kubli, Digital Picture Art, CH-8633 Wolfhausen. Sammlung des Künstlers. Abb. S. 114 unten links: Presseball Grand Hotel Dolder, 1993 (Au Grenier). Ruedi Kubli, Digital Picture Art, CH-8633 Wolfhausen, Sammlung des Künstlers. Abb. S. 114: Ruedi Kubli, Digital Picture Art, CH-8633 Wolfhausen. Sammlung des Künstlers. Abb. S. 115 links: Henri Matisse. *Stilleben mit Geranien,* 1910. © ProLitteris 1997, CH-8033 Zürich. München, Bayerische Staatsgemäldesammlungen Staatsgalerie moderner Kunst. Abb. S. 115 rechts: Philip Morris. Inserat. In: *Das Magazin,* 4. März 1995. S. 3. Abb. S. 116: Dieter Becher. W13 »Anfang«. Joker edition, Gleditschstr. 79, D – 1000 Berlin 62. Abb. S. 117: Elvia Versicherungsgesellschaft. Inserat. (Aebi, Strebel AG, Zürich). Abb. S. 118: A. Enzler. Zürich, Privatsammlung. Abb. S. 119 oben: Daniel Lahaii. Galerie Liebe Hemel. *Art 14'83.* Internationale Kunstmesse Basel, 1983. Abb. S. 119 unten: In: *Tages-Anzeiger,* 17. Feb. 1994. S. 11. Abb. S. 120: Fotomontage von Tsunehisa Kimura. In: *Weltwoche Magazin,* 23. Sept. 1981. S. 10. Abb. S. 121: Produkte-Werbung. (Gottschalk & Ash International Zürich, A & P Schudel Zürich). Abb. S. 121: Produkte-Werbung. (Gottschalk & Ash International Zürich, A & P Schudel Zürich). Abb. S. 122 oben: Martin Halter. *Quadrate XIV,* 1992. Zürich, Privatsammlung. Abb. S. 122 unten links: Gusti Guldener, Aquarell. Einladungskarte zu einer Ausstellung. Abb. S. 122 unten rechts: Foto: Herb Comess/ DISCOVER Magazine © 1981 Time Inc. Abb. S. 123: In: *Die Weltwoche,* 4. Okt. 1978. S. 77. Abb. S. 124 oben: In: *Tages-Anzeiger,* 2. April 1997. S. 59. Abb. S. 124 unten: In: *femina,* 13. Sept. 1991. S. 24-25. Abb. S. 125 oben: Kleopatra, Marmorkopf, 30-11 v. Chr. Berlin, Staatliche Museen Preußischer Kulturbesitz, Antikenmuseum. In: *Kleopatra. Ägypten um die Zeitenwende.* Ausstellungskatalog. Kunsthalle der Hypo-Kulturstiftung, 16. Juni – 10. Sept. 1989. Mainz: Verlag Philipp von Zabern, 1989. Abb. S. 125 Mitte: *Cleopatra*. Regie: Cecil B. De Mille, USA 1934. Schauspielerin Clodette Colbert. Abb. S. 125 unten: *Cleopatra*. Regie: Joseph L. Mankiewicz, USA 1963. Schauspielerin Elizabeth Taylor. Abb. S. 126 links: Kleopatra als Isis. Ägyptisches Kalksteinrelief, um 50 v. Chr. In: *Kleopatra. Ägypten um die Zeitenwende*. Ausstellungskatalog. Kunsthalle der Hypo-Kulturstiftung, 16. Juni – 10. Sept. 1989. Mainz: Verlag Philipp von Zabern, 1989. Abb. S. 126 rechts: Arnold Böcklin. *Die sterbende Kleopatra*. 1878. Basel, Öffentliche Kunstsammlung, Kunstmuseum. Abb. S. 128: Ruedi Kubli. *Zirkuspferde*. Digital Picture Art, CH-8633 Wolfhausen. Sammlung des Künstlers. Abb. S. 129 oben: In: Scott McCloud. *Comics richtig lesen*. Hamburg: Carlsen, 1994. S. 210. Abb. S. 129 unten: In: *Walt Disney's Snow White and the Seven Dwarfs & the Making of the Classic Film*. Ed. Richard Hollis and Brian Sibley. New York: Hyperion, 1994. S. 39. Abb. S. 130 links: Paul Cézanne. *La Montagne Sainte-Victoire au grand pin*, um 1887. London, Courtauld Institute of Art. In: *Cézanne*. Édition de la Réunion des musées nationaux. 1995, 49 rue Étienne-Marcel, 75001 Paris. S. 258. Abb. S. 130 rechts: Paul Cézanne. *La Montagne Sainte-Victoire*, um 1890. Paris, Musée d'Orsay. ibid. S. 265. Abb. S. 131 links: Paul Cézanne. *La Montagne Sainte-Victoire vue des Lauves*, um 1904-1905. London, Tate Gallery. ibid. S. 479. Abb. S. 131 rechts: Paul Cézanne. *Montagne Sainte-Victoire*, um 1904/06. Zürich, Kunsthaus. Abb. S. 132: Renato Casaro. Filmplakat. In: *Schweizer Illustrierte*, 9, 1995. S. 46-47. Abb. S. 133 oben links: *The Seven Year Itch*. Regie: Billy Wilder, 1955. Schauspielerin Marilyn Monroe. In: *Tages-Anzeiger*, 13. Jan. 1995, S. 21. Foto: Pressedienst. Abb. S. 133 oben Mitte: In: *The European*, Magazine, 9.-15. June, No. 265, 1995. Titelseite. Abb. S. 133 oben rechts: In: *Blick*, 27. Feb. 97. S. 11. Abb. S. 133 unten: In: *Blick*, Do. 13. Mai 1993. S. 25. Leserfoto. Abb. S. 134 links: Jean-Auguste-Dominique Ingres, *Die Grosse Odaliske*. 1814. Paris, Louvre. In: *Mel Ramos*. Einleitung von Elizabeth Claridge. Darmstadt: Melzer, 1975. S. 144. Abb. S. 134 rechts: Mel Ramos, *Plenti Grande Odalisque*. 1973-3. Sammlung Daniel Filipacchi. In: *Mel Ramos*. Einleitung von Elizabeth Claridge. Darmstadt: Melzer, 1975. S. 148. Abb. S. 135 oben: Fred Engelbert Knecht. *Ostern*, 1989. Zürich, Privatsammlung. Abb. S. 135 unten: Salvador Dalí. *Eduardo Arroyo* (1970). In: *Katalog von Gerhard Ahrens und Karin Sello zur Ausstellung Nachbilder*. Kunstverein Hannover, 10. Juni bis 29. Juli 1979. Hannover: Th. Schäfer Druckerei, 1979. S. 185. Abb. S. 136: Joseph Beuys. *Schlitten*. 1969. © ProLitteris 1997, CH-8033 Zürich. Ulm, Ulmer Museum. Stiftung Sammlung Kurt Fried 1978, Nr. 335. Foto: Ingeborg Schmatz. Abb. S. 138: Kleider-Werbung. In: *Tempo*, Juli 1994. S. 65. Abb. S. 139 oben: In: *Blick*, 8. April 1995. S. 32. Abb. S. 139 Mitte: In: *Blick*, Samstag, 8. April 1995. S. 32. Abb. S. 139 unten: Karl Rössing, *Junger Ästhet*, 1929. Holzschnitt. In: Robert Hughes. *Der Schock der Moderne*. Düsseldorf/Wien: Econ Verlag, 1981. S. 201. Abb. S. 140 oben: Augusto Giacometti. *Chromatische Phantasie*, 1914. Zürich, Kunsthaus. Abb. S. 140 unten: Marcel Marien. *Von Sade zu Lenin*. 1945. © ProLitteris 1997, CH-8033 Zürich. In: Edouard Jaguer. *Surrealistische Photographie*. Übersetzt von Rudolf v. Bitter und Simon Werle. Köln: DuMont Buchverlag, 1984. S. 138. Abb. S. 146: Giuseppe Arcimboldo. *Der Herbst*. Genf, Privatsammlung. In: *Arcimboldo. Mit einem Text von Roland Barthes. Einleitung von Achille Bonito Oliva*. Franco Maria Ricci, Parma: Weber, 1978. S. 105. Abb. S. 150 oben: Foto: Heini Stucki. In: *SRG und Kultur – eine Dokumentation*. Hrsg. Schweizerische Radio- und Fernsehgesellschaft SRG, Generaldirektion, Bern 1992. S. 23. Abb. S. 150 Mitte: Foto: August Sander. *Konditor*, 1928. In: *Neue Zürcher Zeitung*, 12./13. Juli 1997. S. 74. Abb. S. 150 unten: Foto: Heini Stucki. In: *SRG und Kultur – eine Dokumentation*. Hrsg. Schweizerische Radio- und Fernsehgesellschaft SRG, Generaldirektion, Bern 1992. S. 57. Abb. S. 151: Hiroshi Sugimoto. *Seascapes*. In: Katalog anläßlich der Ausstellung: *In die Felsen bohren sich Zikadenstimmen. Zeitgenössische japanische Photographie im Kunsthaus Zürich*, 2. Mai – 4. Juli 1993. Hrsg. Schweizerische Stiftung für die Photographie. Baden: Verlag Lars Müller, 1993. S. 107. Abb. S. 157: Joan Miró, *Miró – Barcelona – 1964*. Barcelona. © ProLitteris 1997, CH-8033 Zürich. Abb. S. 158 oben: Jörg F. Debatin. »Virtuelle Reisen im Körper.« In: *Magazin Uni Zürich* 2/97. S. 54. Abb. S. 158 unten: Martin Brauen. »Wörter in Bilder übersetzen?« In: *Magazin Uni Zürich* 2/97, S. 31. Abb. S. 159: Die Schöpfung. In: *Sonntags-Zeitung*, 11. April 1993. S. 69. Abb. S. 160: In: *Turicum*, Winter 1985. Ernst Würtenberger, Holzschnitte zu Gottfried Kellers Novelle *Romeo und Julia auf dem Dorfe*. Abb. S. 161 oben: Fotos von Friedrich Kappeler aus seinem Film *Es Hundeläbe*. Abb. S. 161 unten: Werbekampagne für die *Neue Zürcher Zeitung*. Wirz Werbeberatung AG, Uetlibergstr. 132, 8045 Zürich. Inserat. Abb. S. 162 oben: In: Ted Scapa. *Clown*. Benteli, 1974. Abb. S. 162 unten: In: Peter Wallimann. *Klassische und Dendritisch modifizierte Cyclophane zur molekularen Erkennung von Steroiden*. Diss. ETH, Zürich 1997. S. 118. Abb. S. 163 oben: In: *K-tip*, 12. März 1997. S. 31. Abb. S. 163 unten: Karte der militärischen Stationen und Transportwege in Südchina, um 1855 (Ausschnitt). Einladung zur Ausstellung *China Cartographica*. 29. September bis 21. November 1987. Ausstellung der Zentralbibliothek Zürich und Staatsbibliothek Preußischer Kulturbesitz Berlin. Abb. S. 164 links: »Erde – Feuer – Wasser – Luft«. Multivision von Bruno Blum. Prospekt der Firma A.Vogel. Titelblatt. Abb. S. 164 rechts: Salvador Dalí. *Die vier Jahreszeiten: Blätter*. In: *Die 4 Jahreszeiten*. Eine Edition in vier Werken von Salvador Dalí. Werbebroschüre American Express. Creation u. Text: Ro Imelauer, München. Photographie: M. Spachmann. O.J. Abb. S. 165: Zürich-Leben. Inserat. (Knaus & Knaus, Zürich). Abb. S. 166 oben: Stuttgarter Versicherung. Inserat. In: *Bunte*, 9. Nov. 1995. S. 31. Abb. S. 166 unten: Zürich-Leben. Inserat. (Advico, Young & Rubicam). Abb. S. 167 oben: In: *Plus*, 3. Dez. 1980, S. 13. IGC Genève. Abb. S. 167 Mitte: Firmenlogo. Spross Garten- und Landschaft-Bau AG, Burstwiesenstr. 2, 8055 Zürich. Abb. S. 167 unten: Tags Coca-Cola-Werbung. In: Facts, 24, 1995. S. 75. Abb. S. 168 oben: Werbung der Klubschule Migros. Inserat. In: *Brückenbauer*, 27. Aug. 1986. S. 48. Abb. S. 168 unten: Christian Morgenstern. *Die Trichter*. In: *Neue Zürcher Zeitung*, 29./30. Sept. 1984. S. 69. Abb. S. 172 links: In: *Badener Tagblatt*, 3. März 1990. S. 44. Abb. S. 172 rechts: In: *Schweizer Familie*, 18. Mai 1995. S. 43. Abb. S. 179 links: Ben Vautier. *Ausstellung Bildlicht*. Wien, 1991. © ProLitteris 1997, CH-8033 Zürich. In: *Der Spiegel*, 27, 1991, S. 183. Abb. S. 179 rechts: Bertrand Lavier. *Ausstellung Bildlicht*. Wien, 1991. © ProLitteris 1997, CH-8033 Zürich. In: *Der Spiegel*, 27, 1991, S. 184. Abb. S. 181: Daniel Spoerri. © ProLitteris 1997, CII-8033 Zürich. In: *Das Magazin*, 38, 1988. S. 46. Abb. S. 182 oben links: Herman de Vries. *An afternoon under the cherry tree*. 1989. In: Andreas Meier, Hrsg. Herman de Vries: *to be. texte – textarbeiten – textbilder*. Ostfildern: Cantz Verlag, 1995. 146. Abb. S. 182 oben rechts: Herman de

Bildnachweis

Vries. *Leaves from under the cherry tree.* 1989. Ibid. S. 147. Abb. S. 182 unten links: Piet Mondrian. *Der rote Baum,* 1908. Den Haag, Gemeentemuseum. Abb. S. 182 unten Mitte: *Der graue Baum,* 1912. Den Haag, Gemeentemuseum. In: Robert Hughes. *Der Schock der Moderne.* Düsseldorf/Wien: Econ Verlag, 1981. 204-205. Abb. S. 182 unten rechts: Piet Mondrian. *Blühender Apfelbaum,* 1912. Den Haag, Gemeentemuseum. In: Hans L. C. Jaffé. *Piet Mondrian.* Köln: DuMont Buchverlag, 1990. S. 85. Abb. S. 184: In: *Tages-Anzeiger Magazin,* 16. Okt. 1982, S. 55. Abb. S. 185: Richard Long, *A Line in Bolivia.* 1982. Abb. S. 186: In: *swissair Gazette,* 10, 1986, S. 25. Foto: Georg Gerster. Abb. S. 189: Gerhard Richter. *Betty.* 1988. The Saint Louis Art Museum. In: *Gerhard Richter.* Band I. Katalog der Ausstellung. Bonn 10. Dez. 1993– 13. Feb. 1994. Hrsg. Kunst- und Ausstellungshalle der Bundesrepublik Deutschland GmbH. Ostfildern-Ruit bei Stuttgart: Edition Cantz, 1993.

Register

A

Abbild 23, 27, 28, 38, 45, 55, 58, 60, 64, 65, 73, 75, 129, 158, 173, 176, 180, 181, 183
    mimetische Funktion 48, 72–73, 74, 77, 176
Adams, Michael 30
additiver Text, s. Text
Allegorie 88
Annaud, Jean-Jacques 125
Anselmo, Giovanni 179
Antithese 166
Antonioni, Michelangelo 58, 127
appellative Funktion, s. Pushbild
archaischer Kode, s. Kode
Arcimboldo, Giuseppe 146
Armenbibel 18
Arnheim, Rudolf 37, 39, 75, 182
Arroyo, Eduardo 53, 135
artikulierte Bedeutung, s. Bedeutung
Attribuierung 162, 167
audiovisueller Text, s. Text
auditiver Text, s. Text

B

Bachmann, Winfried 153
Barth, Ariane 179
Barthes, Roland 58, 134
Becher, Dieter 116
Bedeutung
    artikulierte 100, 101–129, 130, 138, 148
    deklarierte 98–100, 138, 149
    feste 58, 87, 88, 89, 93, 138, 139, 140, 148
    funktionale 70, 73, 149, 156
    inhärente 148–149, 150
    intendierte 59, 65, 79, 98, 100, 149–151, 158, 172
    intertextuelle 131–135, 138, 149, 150
    kontextuelle 130–131, 138, 149
    latente 92, 95, 96, 138, 149, 170
    mimetische, s. Abbild
    registrative, s. Spurbild
    spontane 84, 91, 96, 138, 148
    subjektive 47, 146–148, 150
    transtextuelle 136–137, 138, 149
Belser, Margrit M. 82
Berghaus, Margot 22
Beuys, Joseph 130, 136, 137, 138, 181, 184
Bewegtbild 61, 143, 169, 174, 175
Bild-Wort-Relation 175
Bilderschrift 21, 49
Bildersturm 17, 18, 19
Bilderverbot 16–18, 45, 187
Bildgrammatik 50, 69, 103–104, 117
    Flexion 104, 109–111, 117, 148, 158
    Lexikon 104–105, 113, 148, 150, 158
    Modus 104, 118–123, 148, 150
    Phonetik 105–109, 127
    Stil 104, 126–129, 148, 174
    Syntax 111–118, 127, 148, 158
    Tempus 104, 123–126, 148
Bildschirmmethode; s. Neurolinguistisches Programmieren
Bildtext, s. Text
biologischer Kode, s. Kode
Bloom, Steve 28
Blum, Bruno 164
Böcklin, Arnold 126

Bohn, Volker   177
Born, Michael   25
Botticelli, Sandro   113, 137
Brauen, Martin   158
Bredekamp, Horst   137
Buck, Ross   84
Büchner, Georg   43
Bühler, Karl   76, 77, 96
Buffon, Georges   126
Buonadonna, Paola   21
Buscher, Monika   25
Bystrina, Ivan   45, 139

C

Calvin, Jean   17
Casaro, Renato   132
Castiglione, Graf Baldassare   182
Cézanne, Paul   130, 131
Chagall, Marc   130
Christie, Agatha   47
Chung, Chan Kien   32
Clipbild (ontische Funktion)   73, 79–81
Colbert, Clodette   125
Comenius, Johan Amos   20, 27, 37
Comics   18, 75, 89, 113, 116, 127, 174
Couzens, Herman   68
Cranach, Lucas, d.Ä.   109
Cyberspace, s. Virtual Reality

D

Dalí, Salvador   135, 164
De Andrea, John   34
De Mille, Cecil B.   125
Debatin, Jörg F.   158
deklarierte Bedeutung, s. Bedeutung
dekorative Funktion, s. Zierbild

Depardon, Raymond   71
Diagramm   163
diegetische Funktion, s. Phantasiebild
Digitalisierung   15, 16, 25, 121
Disney, Walt   129
Doelker, Christian   39, 47, 48, 65, 74, 76, 84, 97, 100, 148, 152, 156, 172, 173, 175
dokumentarischer Text, s. Textsorte
Drechsler, Wolfgang   179
Duroy, Rolf   101, 102

E

Eco, Umberto   35, 50
Edelmann, Yrjö   33
einfacher Text, s. Text
Einstein, Albert   39, 90, 91
einsträngiger (monogener) Text, s. Text
Emblem   88, 167
energetische Funktion, s. Wirkbild
Enzler, A.   118
Escher, M.C.   110
Estes, Richard   17
explikative Funktion, s. Schaubild

F

Faking   26
Farbe   102, 106, 108, 115, 117, 122, 125, 127, 153, 154, 162, 167, 169, 170
Fehr, René   108
Fellini, Federico   127
feste Bedeutung, s. Bedeutung
fiktionaler Text, s. Textsorte
flexibler Kode, s. Kode
Flusser, Vilém   40
Format   180, 183, 184
Frayling, Christopher   101

Frayling, Helen   101
Frey, Tobias   27–28
Füllbild (phatische Funktion)   78–79, 156, 176
funktionale Bedeutung, s. Bedeutung

G

Gebrauchstext, s. Textsorte
generiertes Bild   72, 113, 143
Gerster, Georg   186
Gesamttext, s. Text
Giacometti, Augusto   140
Giotto   79, 80
Girardin, Daniel   81
Glück, Gerhard   36
Gombrich, Ernst H.   41, 42, 55, 77, 90, 99, 146
Grammatik   22, 50, 69, 102, 103, 104, 116, 118, 121
    s.a. Bildgrammatik
Grandville, Jean-Ignace-Isidore   42
Grassi, Ernesto   29, 30, 31
Gregor der Große   18
Guldener, Gusti   122

H

Haase, Frank   25
Haller, Michael   26
Hals, Frans   126
Halter, Martin   122
Hamm, Ingrid   100
Hanks, Tom   25
Hanson, Duane   34
Hepp, Marie-Claude   43
Hesse, Cornelia   72
Hokusai   135
Huber, Erich   101, 102
Huizinga, Johan   66

Hutchinson, Peter   112
Hyperbel   166
Hyperrealismus   73, 119, 121
Hypertext, s. Text

I

icon   87, 88, 176
Ikonizität   52, 53, 72, 128, 129
    s.a. imitativ
Ikonographie   137, 148
imitativ   52, 72, 162, 163, 170
    s.a. Abbild
Index   71–72
    s.a. Spurbild
Ingres, Jean-Auguste-Dominique   134
inhärente Bedeutung, s. Bedeutung
intendierte Bedeutung, s. Bedeutung
intentionaler Text, s. Textsorte
Intertextualität   132, 133, 136, 138, 149, 150
    s.a. Bedeutung
Isler, Ursula   82
Issing, Ludwig J.   176

J

Jaffé, Aniela   73

K

Kalligramm   168
Kammann, Uwe   25
Kappeler, Friedrich   161
kategorialer Kode, s. Kode
Keller, Gottfried   160
Kennedy, John F.   25
Kerner, Günther   101, 102
Kimura, Tsunehisa   120

Klee, Paul   100
Kleint, Boris H.   101, 102
Kleopatra   125, 126
Klimsa, Paul   176
Knecht, Fred Engelbert   75, 135
Kode
    archaischer   138, 139, 141, 142, 148, 150, 174
    biologischer   138–139, 141, 148, 150, 174
    flexibler   138, 140, 141, 142, 174
    kategorialer   138, 139–140, 141, 149, 174, 175
    konventionaler   138, 139, 141, 142, 148, 174
    Zeit–   124–125, 127
Kodierungsregeln   169–172, 174, 175
Körpersprache   22, 43–45, 86, 87
Kokoschka, Oskar   107
Kommunikat   180, 183
konsonantisch   107, 108, 109, 127, 162
    s.a. vokalisch
kontextuelle Bedeutung, s. Bedeutung
konventionaler Kode, s. Kode
Konventionalisierung   22, 45, 52, 60, 88, 89–91, 98, 167, 170
    s.a. Kode
Krieg, Peter   146
Kubli, Ruedi   27, 114, 128

L

La Fontaine, Jean de   42
La Tour, Georges de   110
Lahaii, Daniel   119
Land, Edwin   124
latente Bedeutung, s. Bedeutung
Lavier, Bertrand   179
Legende   59, 100, 143, 149, 163, 172

Literalität (engl. *literacy*)   151
Literarität, Literarizität (engl. *literariness*)   81, 151–153
Lodge, David   133
logische Bilder   162–163
Logo   88, 170
Logogramm   60, 87, 167, 170
Long, Richard   184, 185
Loriot   127
ludischer Text, s. Textsorte

M

magische Kommunikation   73–74
Magritte, René   51, 64, 100, 130, 135
Malewitsch, Kasimir   178, 179
Mallarmé, Stéphane   157
Malraux, André   188
Mankiewicz, Joseph L.   125
Mann, Thomas   53, 55
Marien, Marcel   140
Marsiske, H.-A.   25
Matisse, Henri   104, 105, 115
McCloud, Scott   89, 129, 174
Meer, Ron van der   101, 102
mehrsträngiger (plurigener) Text, s. Text
Metapher   22, 48, 69, 101, 102, 108, 165
Metatext   100, 173, 176
Metonymie   164, 165, 167
Metzger, Wolfgang   50, 112
Mimesis   31–37, 52, 188
mimetische Funktion, s. Abbild
Miró, Joan   157
Mitchell, W.J.T.   177
Mondrian, Piet   182
Monet, Claude   110
monogener Text, s. Text, einsträngiger
Monroe, Marilyn   39, 133, 172

Morgenstern, Christian 168
Morris, Desmond 86
Motherwell, Robert 111
Motiviertheit (von Zeichen) 51, 52, 87, 167, 170
Motivierung, sekundäre 162, 167–168
Mozart, Wolfgang Amadeus 26
Muckenhaupt, Manfred 49, 143
Multimedia 16, 173, 176
multimedialer Text, s. Text
Munch, Edvard 94, 110, 140, 148

N

Neurolinguistisches Programmieren (NLP) 153, 154
Niblo, Fred 125
Noël, Pierre 178
Nöth, Winfried 50

O

O'Hara, Maureen 53, 54
ontische Funktion, s. Clipbild
Organizer 100
Ota, Yukio 49

P

Paik, Nam June 80
Parrhasios 32
Pasolini, Pier Paolo 22
Pawek, Karl 20
Peirce, Charles S. 71
Pelz, Heidrun 49
Pestalozzi, Johann Heinrich 37
Peters, Hugo 101, 102
Phantasiebild (diegetische Funktion) 75, 80
phatische Funktion, s. Füllbild
Picasso, Pablo 137

Piktogramm 21, 48, 51, 60, 87, 139, 141, 159, 170
Platon 37, 70
Plécy, Albert 155
Plinius d. Ä. 32
plurigener Text, s. Text, mehrsträngiger
Poulet, Georges 38, 39
Prototypen 141
Proust, Marcel 38, 39, 187
Proxemik 47
pseudomonogener Text, s. Text
Pushbild (appellative Funktion) 76–77, 81, 118, 150

R

Raffael 182
Ramos, Mel 134
Realbild 25, 79, 109, 119, 120, 127, 143, 156
registrative Funktion, s. Spurbild
Rembrandt 126
Repetition 167
rhetorische Figuren 162, 164–167
Rhoades, Jason 31
Richter, Gerhard 189
Rimbaud, Arthur 108
Rjangina, Serafima Wassilewna 94
Rössing, Karl 139
du Roy, Albert 24

S

Sadkowsky, Alex 93
Sander, August 150
Saussure, Ferdinand de 22, 50, 51
Scapa, Ted 162
Schaubild (explikative Funktion) 74–75, 77, 79, 156, 176

Schegall, G.M. 73
Schema 39, 53, 79, 128, 129, 162, 163
Schiffer, Claudia 78
Schirner, Michael 39
Schön, Willi 162
Schrifttext, s. Text
Schriftzeichen 91, 141, 161, 167
Scott, Eric 41
Semiotik 50–52, 71, 101, 138, 147
Senn, Flurin 164
Serra, Richard 179
Signet 58, 78, 97, 141, 167
Similarität 52, 72, 128, 158
Simulation 35, 36, 74, 83
  s.a. Wirklichkeit, generierte
simulative Funktion, s. Surrogatbild
Sirk, Douglas 66
Spencer, Diana »Lady Di« 25
Spoerri, Daniel 181, 183
Spoerri, Theophil 95
spontane Bedeutung, s. Bedeutung
Sprechtext, s. Text
Spurbild (registrative Funktion) 65, 70–72, 73,
  74, 75, 77, 79, 81, 156, 176
Stadelmann, Jürg 46
Staeck, Klaus 62
Stéfanie, Prinzessin von Monaco 25, 26
Stehbild 61, 143, 174, 175
Steiner, Erich 164
Stromeyer, Helmuth 160
Sturm, Hertha 57, 84, 139, 172, 173
subjektive Bedeutung, s. Bedeutung
Sugimoto, Hiroshi 152
Surrogatbild (simulative Funktion) 73–74, 79
Symbol 21, 22, 81, 87, 88, 92–94, 116, 139, 153,
  163, 169, 170, 171, 178
Symptom 96–97

T

Tappert, Horst 170
Taylor, Elizabeth 125
Text s.a. Textsorten
  additiver 63, 65
  audiovisueller 22, 25, 61, 63, 64, 100, 140,
    142, 143, 175
  auditiver 61, 100, 143
  Bild– 69, 100, 104, 111, 112, 116, 130,
    142, 143, 146, 148, 149, 151, 169, 176
  einfacher 61, 62, 63, 64, 141
  einsträngiger (monogener) 64, 141, 142
  Gesamt– 61–62, 63, 65, 79, 142, 145,
    151, 155, 156, 169, 171, 172, 174, 175,
    176
  Hyper– 63, 174, 176
  interaktiver 176
  mehrsträngiger (plurigener) 64–65, 142,
    143, 155
  multimedialer 174–176
  pseudomonogener 64
  raumgebundener 174, 175
  Schrift– 61, 143, 174
  Sprech– 61, 143, 171
  Ton– 112, 143
  visueller 53, 61, 65, 103, 104, 111, 138,
    140, 143, 146, 149, 160
  Wort– 20, 81, 100, 104, 111, 116, 143,
    160, 176
  zeitgebundener 174, 175–176
Textbegriff 15, 61
Textsorte 65–67, 150
  dokumentarischer Text 65–66, 75, 134
  fiktionaler Text 66, 75, 125
  Gebrauchstext 65, 66
  intentionaler Text 67, 77
  ludischer Text 66

Thalmann, Marion   24
Tinguely, Jean   31
Titel   39, 99–100, 143, 149, 172, 175
Tontext, s. Text
Transkodierung   129, 158–161
transtextuelle Bedeutung, s. Bedeutung
Tschanz, Beat   41

U

Unikat   180, 183, 184
Urfer, Werner   92

V

Vallotton, Felix   107
Van Gogh, Vincent   98, 99
Vautier, Ben   179
Velázquez, Diego   135
Vermeer, Johannes   109, 187
Virtual Reality (computergenerierte Wirklichkeit)
    31, 35, 36, 37, 74, 113
Visualisierung   162–168
visueller Text, s. Text
Vögtli, Anna   99
Vogel, Peter   31
vokalisch   106, 108, 127
    s.a. konsonantisch
de Vries, Herman   182

W

Wahrnehmung
    selektive   40–43
    subjektive   47–48, 146–148
Wallimann, Peter   162
Warhol, Andy   123
Warnke, Martin   18
Watzlawick, Paul   146
Weibel, Peter   179
Weidenmann, Bernd   162
Wirkbild (energetische Funktion)   81–83
Wirklichkeit
    gefälschte   25
    generierte   25–28, 35
    gestellte   24–25, 173
    vergangene   23–24, 124
    virtuelle, s. Virtual Reality
Wölfflin, Heinrich   127
Worttext, s. Text
Würtenberger, Ernst   160

Z

Zaugg, Rémy   56
Zeitkode, s. Kode
Zierbild (dekorative Funktion)   77–78, 156
Zwingli, Ulrich   17, 18

Christian Doelker:
Kulturtechnik Fernsehen
Analyse eines Mediums
287 Seiten, zahlr. Abb., broschiert,
ISBN 3-608-95815-0

» Wegweisend im Wirrwarr der Medienpädagogik.«
Neue Zürcher Zeitung

»Was Doelker vorlegt, ist eine Anleitung zum genaueren Hinsehen und Hinhören, wodurch der Zuschauer zum ›Durchschauer‹ werden soll. Und in dezidiertem Gegensatz zu allen zeitgenössischen Bilderstürmern definiert er Fernsehen als eine Kulturtechnik, die es – ebenso wie Lesen und Schreiben – zu erlernen gelte. Dabei will Doelker behilflich sein, und es verblüfft, mit welcher Umsicht er zu Werke geht.«
Frankfurter Allgemeine Zeitung

»Doelker gehört nicht zu denjenigen, die Fernsehen in Bausch und Bogen verdammen und aus dem Vorurteil gegenüber diesem Medium Profit schlagen. Ihm geht es vielmehr darum, den Gebrauch des Mediums Fernsehen als eine Kulturtechnik anzusehen, das heißt als eine Fertigkeit, die man möglichst gut beherrschen sollte, wenn man in unserer Kultur leben und von ihr leben möchte.«
Süddeutscher Rundfunk

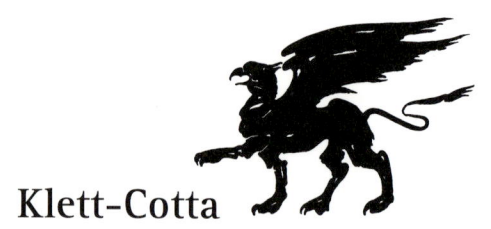

Klett-Cotta

Uwe Pörksen:
Weltmarkt der Bilder
Eine Philosophie der Visiotype
329 Seiten, zahlr. Abb., gebunden
ISBN 3-608-93407-3

Ein Führer durch die Welt verführerischer Piktogramme. Gegen die Verwandlung der Welt in ein Versuchsfeld von Propagandastrategien.

»Jeder Comic-Leser weiß es, jeder Werber achtet darauf, und jeder Politiker richtet sich danach: Bilder machen die Welt schneller und einfacher erfaßbar. »Logo-Denk« weist den Weg, pointiert und macht Meinung. Aber was geschieht tatsächlich, wenn der Krieg auf dem Balkan durch zwei Männer im Kampfanzug symbolisiert wird? Was ist Tatsache und was Bildverführung in Wörtern wie Ursuppe, Teilchenzoo oder Asylantenflut? Was passiert im Kopf des Lesers, wenn menschliches Erbgut, aber auch Hegels Philosophie auf die simple Gestalt einer Spirale gebracht wird?...

Uwe Pörksen nähert sich diesen Fragen nicht wie ein Allwissender, sondern als nachdenklicher Moralist. Mit vielen Beispielen kreist der Freiburger Germanist und Romanautor ein, was er »Visiotype« nennt: zu Bildern geronnene, als Bilder verarbeitete Begriffe, die sich zur »durchgesetzten Form« der Wahrnehmung entwickeln.«
Der Spiegel